Stefan Engel, Gabi Fechtner,
Monika Gärtner-Engel

Der Ukrainekrieg und die offene Krise des imperialistischen Weltsystems

Verlag Neuer Weg

Juni 2022

Stefan Engel, Gabi Fechtner,
Monika Gärtner-Engel

Der Ukrainekrieg und die offene Krise
des imperialistischen Weltsystems

Herausgeber: ZK der
Marxistisch-Leninistischen Partei Deutschlands

Verlag Neuer Weg
in der Mediengruppe Neuer Weg GmbH
Alte Bottroper Str. 42, 45356 Essen
verlag@neuerweg.de
www.neuerweg.de

Gesamtherstellung:
Mediengruppe Neuer Weg GmbH

ISBN 978-3-88021-619-8
ISBN eBook 978-3-88021-620-4

Inhalt

Der Ukrainekrieg und die offene Krise des imperialistischen Weltsystems

1. Der Ukrainekrieg und die akute Gefahr eines Dritten Weltkriegs

Der jahrelang schwelende Konflikt zwischen der NATO und Russland eskalierte am 24. Februar 2022 mit dem massiven Einmarsch russischer Truppen auf ukrainisches Hoheitsgebiet zu einem offenen Krieg mitten in Europa.

Noch am selben Tag erklärte die deutsche Außenministerin **Annalena Baerbock**/»Die Grünen« demagogisch die *»Wahnvorstellungen«* des russischen Präsidenten **Wladimir Putin** zur Kriegsursache; sie seien von der ***»Weltgemeinschaft«*** nicht zu akzeptieren.[1] Bundeskanzler **Olaf Scholz** erkannte am 27. Februar 2022 als Kriegsursache einen *»einzigen Grund: Die Freiheit der Ukrainerinnen und Ukrainer stellt* (Putins) *eigenes Unterdrückungsregime infrage«*.[2] Putin wiederum rechtfertigte seine Invasion demagogisch, indem er als Kriegsziel vorschob, *»die Ukraine zu entmilitarisieren und zu entnazifizieren.«*[3]

Keine dieser Erklärungen und Rechtfertigungsversuche trifft jedoch den Kern: Es ist ein **von beiden Seiten ungerechter Krieg** zwischen dem neuimperialistischen Russland und der kapitalistischen Ukraine. Angestachelt und hochgerüstet von der NATO mit den USA an der Spitze, handelt die Ukraine stellvertretend für dieses imperialistische Militärbündnis. Sie strebt zur Verwirklichung eigener Machtziele den Eintritt in die EU und die NATO an. Die wirkliche gesellschaftliche Ursache dieses Kriegs liegt *»in der ungleich-*

---

1 »Baerbock wirft Putin menschenverachtende Wahnvorstellungen und eiskalte Lügen vor«, rnd.de 24.2.2022

2 »Regierungserklärung von Bundeskanzler Olaf Scholz am 27. Februar 2022«, bundesregierung.de

3 »Die Rede von Wladimir Putin im Wortlaut«, zeit.de 24.2.2022

mäßigen ökonomischen und politischen Entwicklung der imperialistischen Staaten, die nach einer ***Neuverteilung der Einflußgebiete*** *drängt.*«[4] Krieg ist nach dem Klassiker der Militärwissenschaft, Carl von Clausewitz, die *»Fortsetzung der Politik mit anderen Mitteln«.*[5] Deshalb ist es notwendig, die »***Gesamtheit*** *der Daten über die* ***Grundlagen*** *des Wirtschaftslebens* ***aller*** *kriegführenden Mächte und der* ***ganzen*** *Welt«*[6] zu untersuchen, die dem Ukrainekrieg vorausgingen.

Der Kampf um die Neuaufteilung der Welt

Der Zusammenbruch der sozialimperialistischen Supermacht Sowjetunion und des Rats für gegenseitige Wirtschaftshilfe (RGW) 1990/1991 führte zu einem einheitlichen Weltmarkt. Das zog die **Neuorganisation der internationalen kapitalistischen Produktion** nach sich. Dieser Prozess der wirtschaftlichen und politischen Neuordnung der Welt wälzte das gesamte bisherige imperialistische Weltsystem um.[7] Alle imperialistischen Länder und die führenden internationalen Monopole der Welt konkurrierten erbittert um die Vorherrschaft auf dem neu entstandenen Weltmarkt.

Inzwischen hatten sich in China und einigen bevölkerungsreichen ehemals neokolonial abhängigen Ländern einheimische Monopole und staatsmonopolistische Strukturen herausgebildet. Sie führten zur Entstehung einer Reihe **neuimperialistischer Länder**. Bereits im Jahr 2017 gab es mindes-

---

[4] Willi Dickhut, »Krieg und Frieden und die sozialistische Revolution«, Stuttgart, 1983, S. 8 – Hervorhebung Verf.

[5] Carl von Clausewitz, »Vom Kriege«, Frankfurt/M, Berlin, Wien, 1980, S. 34

[6] Lenin, »Der Imperialismus als höchstes Stadium des Kapitalismus«, Werke, Bd. 22, S. 194

[7] Eine allseitige Analyse der Neuorganisation der internationalen Produktion leistet das Buch »Götterdämmerung über der ›neuen Weltordnung‹« von Stefan Engel, Essen, 2003.

tens 14 neuimperialistische Länder, in ihnen lebte mehr als die Hälfte der Weltbevölkerung.[8] Sie machten den USA, Japan und den Staaten der EU zunehmend Absatzmärkte und Einflussgebiete streitig. Einige dieser Länder bauten eine regionale imperialistische Vormachtstellung auf. Dazu gehören Indien, die Türkei, Russland, Südafrika, Saudi-Arabien und Brasilien. Sie verfolgen Visionen eigener imperialistischer Vorherrschaft, entwickeln schnell wachsende militärische Machtapparate und bilden weltweit ideologisch-politische Machtzentren zur Manipulation der öffentlichen Meinung heraus. Das ging mit einer gefährlichen **Rechtsentwicklung** der Regierungen aller imperialistischen Länder einher, deren vorläufiger Höhepunkt in den Jahren 2016 bis 2020 die US-Präsidentschaft des Faschisten Donald Trump war.

Der Internationalisierung von Produktion und Handel folgte die **Internationalisierung des Klassenkampfs** und der sozialen Bewegungen. Es entstand ein wachsendes internationales Industrieproletariat mit inzwischen circa 746 Millionen[9] Industriearbeiterinnen und Industriearbeitern. Dieses stand fortan an der Spitze weltweit bedeutender Streiks und Klassenauseinandersetzungen. Auch die kämpferische Frauen-, Jugend- und Umweltbewegung nahm länderübergreifend einen neuen Aufschwung und der Kampf um demokratische Rechte und Freiheiten entfaltete sich.

Der zwischenimperialistische Konkurrenzkampf verschärfte sich nach 2020 drastisch, vor allem mit der **2018 begonne-**

---

[8] Dazu gehören die BRICS-Staaten Brasilien, Russland, Indien, China und Südafrika, die MIST-Staaten Mexiko, Indonesien, Südkorea und die Türkei sowie Argentinien, Saudi-Arabien, Katar, die Vereinigten Arabischen Emirate und der Iran.

[9] Gesellschaft zur Förderung wissenschaftlicher Studien zur Arbeiterbewegung (GSA) e.V., eigene Berechnung nach Angaben von Weltbank und ILO 2019

nen Weltwirtschafts- und Finanzkrise in Wechselwirkung mit der verheerenden Corona-Pandemie. Als zuvor einzige Supermacht waren die USA ökonomisch und politisch deutlich zurückgefallen. **China** stieg dagegen zu einer **ökonomischen Supermacht** auf und war im Begriff, die USA vom Spitzenplatz abzulösen. Auch auf politischem und militärischem Gebiet drängt China zu dieser Rolle. Darauf zielt sein seit 2013 verfolgtes Mammutprojekt einer »Neuen Seidenstraße«. Der **Konkurrenzkampf zwischen den USA und China** dominiert inzwischen allgemein die zwischenimperialistischen Widersprüche, die sich zugleich multipolar[10] entfalten. Auch der **imperialistische Block der EU** positioniert sich mehr und mehr in Konkurrenz zu den USA, aber auch zu China. Innerhalb Europas ringen die EU und Russland um politische Vormacht.

Russland gründet sein besonderes Profil als neuimperialistische Macht einerseits auf dem **gigantischen Reichtum vor allem an fossilen Rohstoffen**. Zum anderen bewahrt es seine aus Zeiten der sozialimperialistischen Sowjetunion verbliebene **militärische Stärke** als eine der beiden größten Atommächte der Welt. Seit 2008 baute es diese weiter aus. Im Gegensatz dazu ist Russland nach wie vor ökonomisch schwach. Seine Industrieproduktion betrug 2020 weniger als die Hälfte der Deutschlands. Den russischen Imperialisten ist bewusst, dass ihr Wunschtraum von einer großrussischen Supermacht nur durch die Einverleibung des Potenzials ehemaliger Sowjetrepubliken wahr werden kann. Bereits 1997 hatte der ehemalige US-Sicherheitsberater Brzezinski dazu geschrieben: *»Ohne die Ukraine ist Russland kein eurasisches Reich mehr.«*[11]

---

[10] in vielfältigem Kräfteverhältnis zueinander stehend

[11] zitiert nach Malte Lehming, »Ohne die Ukraine ist Russland keine Großmacht«, tagesspiegel.de 22.2.2022

Spätestens seit diesem Zeitpunkt ist die **Ukraine ein Brennpunkt des zwischenimperialistischen Machtkampfs**. Sowohl die USA und die EU als auch Russland fokussieren die strategische Ausdehnung ihrer europäischen Einflussgebiete auf die Ukraine.

Die imperialistische Machtpolitik Russlands

Im Jahr 2014 förderten westliche Staaten den Sturz der prorussischen Regierung Janukowytsch und unter dem prowestlichen Ministerpräsidenten Jazenjuk wurde die Ukraine mit der EU assoziiert. Das mündete 2016 in eine Freihandelszone EU-Ukraine.[12] Privatisierungen Hunderter staatlicher Konzerne, vor allem im Bergbau und in der Landwirtschaft, integrierten die Ukraine immer stärker in die Einflusssphäre des US- und EU-Imperialismus. Gleichzeitig zettelte Russland unter Ausnutzung der dortigen Unterdrückung russischer Bevölkerungsteile einen Krieg an mit dem Ziel der Annexion des rohstoffreichen Teils des Donbass im Osten der Ukraine.

Im **fundamentalen Gegensatz zur sozialistischen Sowjetunion** mischt sich der russische Imperialismus systematisch in die **inneren Angelegenheiten anderer Länder** ein: 2008 marschierten russische Truppen in **Georgien** ein, dessen Regierung sich nach Westen orientierte. Seitdem hält Russland einen Teil des Landes besetzt. 2014 **annektierte** Russland nach einem militärischen Einmarsch **die Krim** und kann nun von dort aus das gesamte Schwarze Meer kontrollieren. 2015 eilte es dem schwer angeschlagenen Assad-Regime in **Syrien** zu Hilfe, rettete mit menschenverachtenden Luftangriffen nicht nur dessen Macht, sondern baute auch seinen eigenen strategischen Einfluss im Mittleren und Nahen

---

12 »Access2Markets EU-Ukraine Deep and Comprehensive Free Trade Area«, trade.ec.europa.eu

Osten aus. Russland unterhält mit rund 40 der 54 afrikanischen Staaten sogenannte Sicherheitsabkommen oder kooperiert auf andere Art mit ihnen.[13]

Die Erfolge Russlands hatten eine **strategische Schwächung des US-Imperialismus** und anderer NATO-Mächte zur Folge, auch aufgrund des 2003 von den USA losgetretenen Irakkriegs, der nie seine Ziele erreichen konnte, und des gescheiterten Afghanistan-Feldzugs der NATO von 2001 bis 2021. 2015 gründete Russland gemeinsam mit Belarus, Kasachstan, Kirgisistan und Armenien die **Eurasische Wirtschaftsunion** unter seiner Führung. Dass die Ukraine den Beitritt zu diesem Bündnis ablehnte, war ein herber Rückschlag für die Großmachtambitionen des russischen Imperialismus.

Die Rivalität der imperialistischen Mächte China und USA

Gleichzeitig mit dem Ukrainekrieg entfaltet sich ein heftiger Kampf zwischen den USA und China um die Vorherrschaft im **Indopazifik**. Die US-Zeitschrift Foreign Policy schreibt am 18. Februar 2022, kurz vor Beginn der imperialistischen Aggression Russlands: *»Washington muss sich auf Krieg sowohl gegen Russland als auch gegen China vorbereiten«*.[14]

In einer Rede im März 2022 behauptete US-Präsident **Joe Biden**, der Krieg in der Ukraine ordne sich ein in den *»großen Kampf … zwischen Demokratie und Autokratie, zwischen Freiheit und Unterdrückung, zwischen einer regelbasierten Ordnung und einer Ordnung, die von roher Gewalt beherrscht wird.«*[15]

---

[13] Marie Illner, »Russland in Afrika: Wie der Kreml antiwestliche Stimmung anheizt«, web.de 16.4.2022

[14] Matthew Kroenig, foreignpolicy.com

[15] Rede von Joe Biden am 26.3.2022 in Warschau, in: US-Botschaft und Konsulate in Deutschland, usembassy.gov 28.3.2022

Dabei ist die von Biden gepriesene *»regelbasierte Ordnung«* nichts anderes als die Diktatur des allein herrschenden internationalen Finanzkapitals unter Führung der USA im Zusammenwirken mit seinen westlichen Verbündeten.

Der stellvertretende chinesische Außenminister Le Yucheng bezog sich auf den Ukrainekrieg, als er im März 2022 warnte:

»Die Indopazifik-Strategie (der USA) *ist genauso gefährlich wie die NATO-Strategie der Osterweiterung in Europa. Wenn sie nicht unter Kontrolle gebracht wird, würde sie unvorstellbare Konsequenzen haben und die Asien-Pazifik-Region in den Abgrund stürzen.«* [16]

China hat zur Absicherung seines Weltmachtstrebens mittlerweile die zahlenmäßig weltgrößte Armee aufgebaut. Das Militärbündnis **»Shanghaier Organisation für Zusammenarbeit«** unter Führung der Atomwaffenmächte China und Russland richtet sich vor allem gegen den Einfluss der NATO.

Die Bedrohung Russlands durch die NATO

Die USA und die **NATO** hatten **seit 1990** – trotz unbestritten gegenteiliger Zusagen – **ihre Osterweiterung** ständig vorangetrieben. Dadurch sind NATO-Truppen vielerorts bis an die Grenze Russlands vorgerückt, Kurzstreckenraketen bedrohen unmittelbar das russische Territorium. Nach der NATO-Mitgliedschaft der baltischen Länder sowie von Polen, Tschechien, der Slowakei, Ungarn, Rumänien und Bulgarien, Slowenien, Albanien und Kroatien, Montenegro und Nordmazedonien versuchten die USA, auch die Ukraine in die NATO einzugliedern. Das scheiterte zunächst am Widerstand der

[16] »Vice Foreign Minister Le Yucheng Attends and Addresses the Fourth International Forum on Security and Strategy«, fmprc.gov.cn 19.3.2022 – eigene Übersetzung

EU, vor allem Deutschlands und Frankreichs, die ihre ökonomischen und politischen Beziehungen mit Russland nicht gefährden wollten.

NATO-Generalsekretär **Jens Stoltenberg** prahlte beim Weltwirtschaftsforum 2022 in Davos mit den Maßnahmen der NATO für den Krieg um die Ukraine:

»Wir ... haben heute mehr als 40 000 Soldaten unter direktem Kommando der NATO, unterstützt durch beträchtliche Einsatzkräfte in der Luft und auf See. Wir haben battlegroups vom Ostseeraum bis zum Schwarzen Meer stationiert und Hunderttausende von Truppen sind in höchster Alarmbereitschaft. ... Wir haben Übungen ausgeweitet ... und erstmals ist auch eine Amphibieneinheit der USA unter NATO-Kommando gestellt worden.«[17]

Das reaktionäre Wesen der ukrainischen Gesellschaft

Die Ukraine verfügt inzwischen über **wesentliche Voraussetzungen, sich zu einem neuimperialistischen Land zu entwickeln**. Sie ist das zweitgrößte Land Europas mit umfangreichen Bodenschätzen, großen Flächen fruchtbarer Schwarzerde, einer gut ausgebildeten Arbeiterklasse und zum Teil staatlichen, zum Teil in den Händen von Oligarchen[18] konzentrierten Monopolen. Die Ukraine wurde direkt an der Grenze **des russischen Imperialismus zu einer ernsthaften Konkurrenz**.

Vor allem die USA haben die Ukraine nach der Annexion der Krim durch Russland massiv hochgerüstet und militärisch

---

[17] Phoenix vor Ort, ardmediathek.de 24.5.2022

[18] Angehörige der Wirtschafts-, Staats- oder Parteiführung der ehemaligen bürokratisch-kapitalistisch entarteten Sowjetunion, die sich nach deren Zusammenbruch marktbeherrschende Staatsbetriebe privat aneigneten.

ausgebildet. Ukrainische Truppen nahmen an gemeinsamen NATO-Übungen teil. Die Rüstungsausgaben der Ukraine stiegen zwischen 2012 und 2021 um 142 Prozent.[19] Anfang 2019 nahm das ukrainische Parlament das Ziel, der NATO und EU beizutreten, in die Verfassung auf. Im August 2021 erklärte der ukrainische Präsident **Wolodymyr Selenskyj** in chauvinistischem Übermut, von nun an laufe der *»Countdown für die De-Okkupation«* der Krim.[20]

Im April 2022 stilisierte **Ursula von der Leyen**/CDU, Präsidentin der EU-Kommission, vor versammelter Weltpresse den ukrainischen Präsidenten Selenskyj zum Helden im Kampf um Freiheit und Demokratie hoch:

»Wir stehen an eurer Seite, wenn ihr von Europa träumt ... Meine heutige Botschaft lautet, dass die Ukraine zur europäischen Familie gehört.«[21]

Während unter der Oberfläche der europäischen Familienidylle ein Hauen und Stechen herrscht, gibt es in der umworbenen Ukraine in Wirklichkeit keinen wesentlichen Unterschied zu den Realitäten der Oligarchie in Russland. Noch 2020 hatte das bürgerliche »Demokratie-Ranking« der Universität Würzburg die Ukraine als *»hybrides Regime«* zwischen *»Demokratie«* und *»Autokratie«* noch hinter den *»defizitären Demokratien«* eingestuft.[22]

So besitzt der reichste Mann der Ukraine, **Rinat Achmetow**, ein Privatvermögen von 7,6 Milliarden US-Dollar. Als langjähriger Putin-Freund unterstützt er nunmehr NATO und EU zur Rettung seines Imperiums, in dem sich *»Stahl- und*

---

19 Frankfurter Rundschau, 25.4.2022

20 »Wolodymyr Selenskyj fordert Rückgabe der Krim«, zeit.de 23.8.2021

21 »Ukraine gehört zur europäischen Familie«, tagesschau.de 8.4.2022

22 demokratiematrix.de 20.5.2022

Röhrenwerke, Kohleminen, Heizkraftwerke, Windparks, Firmen der Telekommunikation, eine Reederei, Banken, Versicherungen, Fernsehsender, Zeitungen, Kaufhäuser, Logistikzentren, Landwirtschaftsbetriebe und Schachtar, der Klub seines Herzens«, befinden.[23] Andere »Größen« sind *»der Reeder Andri Stawnizer oder der Agrarindustrielle Wadim Nesterenko.«*[24] In der westlichen Berichterstattung sind diese Oligarchen hinter der Lichtgestalt Selenskyj nahezu unsichtbar. Am 23. Februar 2022, einen Tag vor dem Einmarsch Russlands, schworen die 50 reichsten **Monopolherren der Ukraine** und Selenskyj einander, *»alles zu tun, um die nationale Einheit zu stärken und eine Besetzung des Landes zu verhindern.«*[25]

Die Aussichten für ein in NATO und EU integriertes, »befreites« Volk der Ukraine sind wohl wenig paradiesisch. Das zeigt die Realität anderer Länder, die bereits in den »Genuss« dieser Befreiung kamen: zerbombte Städte in Serbien nach dem NATO-Krieg 1999, die neokoloniale Unterwerfung und Integration großer Teile des Balkans in den EU-Imperialismus, freie Bahn für die Taliban-Herrschaft in Afghanistan; Armut, Chaos und Korruption im von der EU protegierten[26] Kosovo[27], Förderung von Monopolen, Oligarchen und rechten Regierungen als deren Statthalter in Polen oder Ungarn, grassierende Armut und Ausverkauf öffentlichen Eigentums durch von der EU diktierte Krisenprogramme in Griechenland. Die Aufnahme der Ukraine in die NATO und EU wäre kein Akt der Menschenliebe, sondern ist für die westlichen

[23] Thomas Gerlach, »Reichster Oligarch der Ukraine: Der Strippenzieher«, taz.de 23.3.2022

[24] Andreas Ernst, »Welche Rolle spielen die ukrainischen Oligarchen im Abwehrkampf gegen Russland?«, nzz.ch 2.5.2022

[25] ebenda

[26] fördern, begünstigen

[27] ehemals autonome Region Jugoslawiens, dessen Parlament 2008 die staatliche Unabhängigkeit erklärte

Imperialisten deshalb so wertvoll, weil sie eine erhebliche Schwächung des russischen Imperialismus darstellen und den eigenen Bündnissen mehr Gewicht verleihen würde.

2. Die Außenpolitik der imperialistischen Länder zur Vorbereitung eines Dritten Weltkriegs

Die wesentliche Methode der Neuorganisation der internationalen kapitalistischen Produktion war, die Konkurrenz mit einer Politik der Kooperation und Koordination auszutragen auf der Basis gegenseitiger **ökonomischer Durchdringung**. Auf diese Weise strebten **internationale Monopole und imperialistische Staaten** danach, **ökonomische Dominanz oder politische Vorherrschaft** zu erringen. Weltanschaulich beschönigten sie das mit der Floskel »Wandel durch Handel«. 1994 riefen die NATO und 23 europäische und asiatische Staaten, auch Russland und weitere Nicht-NATO-Mitglieder, eine »Partnerschaft für den Frieden« ins Leben. Verheißungsvoll verkündete die NATO bei ihrem Brüsseler Gipfeltreffen am 10. Januar 1994:

»Diese Partnerschaft wird als Ausdruck der gemeinsamen Überzeugung begründet, dass Stabilität und Sicherheit im euro-atlantischen Gebiet nur durch Zusammenarbeit und gemeinsames Handeln erreicht werden können.«[28]

Die Bundeszentrale für Politische Bildung plauderte 2009 offenherzig aus, dass damit und mit dem NATO-Russia Permanent Joint Council[29] von 1997 nur Besänftigung, niemals aber tatsächliche Zugeständnisse beabsichtigt waren:

---

[28] »Partnerschaft für den Frieden: Rahmendokument«, 10.1.1994, in: NATO, »Sicherheit durch Partnerschaft«, 2005, S. 5

[29] ständiger gemeinsamer NATO-Russland-Rat

»Die NATO-Erweiterung aufzugeben kam für sie nicht in Frage, sie ergänzten sie durch eine neue Form der beratenden Zusammenarbeit mit Russland im NATO-Hauptquartier in Brüssel.«[30]

Treffend heißt es im Buch »Götterdämmerung über der ›neuen Weltordnung‹« aus dem Jahr 2003:

»Die tatsächliche Entwicklung widerlegt jede Vorstellung, die ökonomische Durchdringung als Hauptmethode des Imperialismus würde Kriege überflüssig machen und es könnte einen friedlichen Imperialismus geben.«[31]

Auch die im Vorfeld der russischen Invasion in die Ukraine zelebrierten diplomatischen Initiativen wurden weder aufseiten der NATO noch aufseiten Russlands mit der ernsthaften Bereitschaft zu Kompromisslösungen geführt. Offensichtlich war die Verschiebung der Kräfteverhältnisse an einem Punkt angelangt, an dem die gegensätzlichen imperialistischen Interessen **nur noch durch einen Krieg** ausgetragen werden konnten. Das bedeutet einen **qualitativen Sprung** von imperialistischer Friedens- zu imperialistischer Kriegspolitik. Während des Ersten Weltkriegs wies Lenin auf folgenden gesetzmäßigen Zusammenhang hin:

»Unter dem Kapitalismus ist ein gleichmäßiges Wachstum in der ökonomischen Entwicklung einzelner Wirtschaften und einzelner Staaten unmöglich. Unter dem Kapitalismus gibt es keine anderen Mittel, das gestörte Gleichgewicht von Zeit zu Zeit wiederherzustellen, als Krisen in der Industrie und Kriege in der Politik.«[32]

---

[30] Martin A. Smith, »Partnerschaft, Kalter Krieg oder Kalter Frieden?«, in: Aus Politik und Zeitgeschichte, bpb.de 1.4.2009

[31] Stefan Engel, Essen, 2003, S. 500

[32] Lenin, »Über die Losung der Vereinigten Staaten von Europa«, Werke, Bd. 21, S. 344/345

Die Eskalation des Ukrainekriegs war verbunden mit der **Wende** zu offen aggressiver Außen- und Militärpolitik fast aller imperialistischen Länder zur **Vorbereitung des Dritten Weltkriegs**.

Sämtliche Länder der NATO rüsteten nach Beginn des Kriegs massiv auf, erhöhten drastisch ihre Militärausgaben und schickten zusätzliche Truppenkontingente nach Osteuropa. Binnen weniger Monate, bis zum 10. Mai 2022, bewilligten vor allem die NATO-Länder der Ukraine mindestens 34 Milliarden Euro für Waffen und Militärhilfen. Zur finanziellen und »humanitären« Unterstützung der Kriegführung der Ukraine flossen weitere mindestens 33 Milliarden Euro von den USA, Großbritannien, der EU, der UN und der Weltbank.[33] Die Manipulation der öffentlichen Meinung nahm den Charakter der **psychologischen Kriegführung** an und ging zuweilen zu **offener Kriegshetze** über.

Die NATO provozierte Russland erneut durch ihre »Norderweiterung«, als Finnland und Schweden ihre jahrzehntelange **Politik der militärischen Neutralität und Blockfreiheit** aufgaben und beantragten, der NATO beizutreten. Damit erweiterte sich die direkte Konfrontation zwischen NATO und Russland um 1300 Grenzkilometer. Auch **andere imperialistische Länder** außerhalb der NATO richteten ihre Außenpolitik auf die neue Situation aus – entsprechend ihrer jeweiligen Interessenlage. Mehr als 40 Länder[34] kamen auf einem Treffen am 26. April 2022 auf dem US-Militärstützpunkt in Ramstein/Deutschland zusammen, um die Militärstrategie der NATO zu unterstützen. Ein **neues antirussisches Militärbündnis** mit dem Kern der NATO unter Führung

[33] ifw-kiel.de 10.5.2022

[34] Neben den 30 NATO-Mitgliedern nahmen folgende Länder teil: Schweden, Finnland, Österreich, Irland, Zypern, Malta, Israel, Katar, Kenia, Tunesien, Australien, Japan, Südkorea und die Ukraine.

des US-Imperialismus entstand; monatliche Treffen in dieser Form wurden vereinbart.

Das neuimperialistische **Indien** lehnt Sanktionen gegen Russland ab, laviert zwischen der Zusammenarbeit mit Russland und den NATO-Ländern. Shinzo Abe, ehemals Ministerpräsident **Japans**, brachte eine »nukleare Teilhabe« in die öffentliche Debatte und stellte damit ein bisheriges Tabu der japanischen Politik infrage. Die neuimperialistische **Türkei**, die Mitglied der NATO ist und sowohl zu Russland als auch zur Ukraine enge Beziehungen pflegt, versucht, sich in der Rolle des Vermittlers zwischen den Krieg führenden Parteien zu profilieren.

Die »Zeitenwende« des deutschen Imperialismus

Mit den Beschlüssen vom 26./27. Februar 2022 vollzog auch die **deutsche Bundesregierung** die Wende hin zu einer **offen aggressiven imperialistischen Außenpolitik**. Vergessen war der erst wenige Monate alte Koalitionsvertrag der neuen SPD/Grünen/FDP-Bundesregierung, der hochtrabend *»eine abrüstungspolitische Offensive«* und *»restriktive Rüstungsexportpolitik«*[35] gelobte. Bei der Umsetzung der **»Zeitenwende«**, wie Bundeskanzler Scholz den Kurswechsel betitelte, entfalteten sich jedoch **heftige Widersprüche** in der Regierungskoalition, innerhalb der Regierungsparteien und zwischen verschiedenen Bundestagsparteien. Auch unter den herrschenden Monopolen und unter den Massen wuchsen Widersprüche zur Regierung. Diese und ebenso die große Abhängigkeit Deutschlands von fossilen Brennstoffen und vom globalen Kapital- und Warenexport, führten zunächst zu Ver-

[35] »Mehr Fortschritt wagen. Bündnis für Freiheit, Gerechtigkeit und Nachhaltigkeit«, Koalitionsvertrag 2021-2025 zwischen SPD, Bündnis90/Die Grünen und FDP, S. 145/146

zögerungen bei Waffenlieferungen an die Ukraine und bei den Sanktionen gegen Russland.

Nachdem der russische Imperialismus sein Ziel eines raschen »Enthauptungsschlags« und des Einsatzes einer russlandfreundlichen Regierung in Kiew mit seiner »militärischen Spezialoperation« nicht erreichte, konzentrierte er seine Truppen auf die schnelle Annexion der Ost- und Südukraine. Das eröffnete eine **zweite Phase des Kriegs**.

In diesen Teilen der Ukraine findet sich eine **besondere Konzentration** an Stahlproduktion, Kohlevorkommen, unerschlossenen Gasfeldern für Fracking, Atomkraftwerken, monopolistischer Agrargroßindustrie und gut ausgebildeten Arbeitskräften. Mit der Eroberung strategisch bedeutsamer Hafenstädte wie Mariupol und Odessa strebt Russland nach einer Landverbindung zur annektierten Halbinsel Krim, sowie der Sperrung des Zugangs zum Asowschen und Schwarzen Meer, was die Exportwirtschaft der Ukraine nachhaltig schwächen soll.

Veränderte Zielsetzung der NATO im Ukrainekrieg

Der erfolgreiche Widerstand der ukrainischen Truppen gegen die Einnahme Kiews durch die russischen Invasoren änderte die **strategische Zielsetzung** der NATO bei ihrer Unterstützung der Ukraine auf Druck des US-Imperialismus: vom anfänglichen »Stopp der Kriegshandlungen« hin zum **»Sieg über die russischen Invasoren«**. Auf einem gemeinsam mit US-Außenminister Antony Blinken eilends organisierten Treffen mit Wolodymyr Selenskyj am 24. April 2022 in Kiew proklamierte US-Verteidigungsminister **Lloyd Austin**:

»Sie können gewinnen, wenn sie die richtige Ausrüstung und die richtige Unterstützung haben … Wir wollen, dass Russland

so weit geschwächt wird, dass es zu so etwas wie dem Einmarsch in die Ukraine nicht mehr in der Lage ist.«[36]

Natürlich wünschen die Massen der Welt zu Recht, dass so etwas wie der Einmarsch der russischen Truppen in die Ukraine nie wieder stattfindet. Doch was nun offenbar wurde, war das eigentliche, nur humanitär verpackte Ziel der NATO: die **strategische Schwächung des neuimperialistischen Russlands** und damit auch von dessen »Shanghaier Organisation für Zusammenarbeit« mit China. Diese Ziele sind aber ohne massive Aufrüstung der ukrainischen Armee durch Lieferungen von schweren Waffen der NATO, Ausbildung der ukrainischen Armee in NATO-Ländern und letztlich ohne ihr unmittelbares Eingreifen nicht möglich. Der Überfall Russlands auf die Ukraine brachte dem US-Imperialismus die gewünschte Konstellation, seine eigene Strategie durchzusetzen und die EU-Imperialisten auf seinen aggressiven Kriegskurs zu trimmen.

Die maßgeblichen Kräfte des **deutschen Monopolkapitals** gaben ihre anfängliche Strategie – Begrenzung und schnellstmögliche Beendigung des Kriegs – auf und entschieden sich für die Unterstützung des verschärften Kriegskurses der USA und der NATO. Am 28. April 2022 beschloss der Deutsche Bundestag in einer »ganz großen Koalition« die Lieferung schwerer Waffen an die Ukraine.[37] Damit bekam die **Beteiligung Deutschlands** am Ukrainekrieg eine **neue Qualität**.

Als Antwort auf die Lieferung schwerer Waffen der NATO an die Ukraine erklärte Russland diese prompt zu **Angriffszielen der russischen Armee**.[38]

[36] »Blinken und Austin in Kiew«, tagesschau.de 25.4.2022

[37] Deutscher Bundestag, Drucksache 20/1550

[38] rnd.de 26.4.2022

Russland drohte mit **taktischen Atomwaffen**. Deren Einsatz war schon bewusst einkalkuliert im russischen nationalen Sicherheitskonzept aus dem Jahr 2000, das die *»Festigung der Position Russlands als Großmacht«* festschrieb.[39] NATO-Generalsekretär **Jens Stoltenberg** bereitete die Kündigung der NATO-Russland-Grundakte vor, in der sich die NATO unter anderem verpflichtet hatte, keine Atomwaffen in Osteuropa zu stationieren.

Es ist eine heuchlerische Lüge, wenn **NATO und Bundesregierung** bis in den Mai 2022 beteuerten, sie wollten keinesfalls **Kriegspartei** werden. Im Gegensatz dazu betonte ein Gutachten der Wissenschaftlichen Dienste des Deutschen Bundestags bereits am 16. März 2022 in verschwurbeltem Juristendeutsch, dass die mit Waffenlieferungen verbundene Ausbilderfunktion **völkerrechtlich als Kriegseintritt** bewertet werden könne, denn

> *»wenn … auch die* ***Einweisung der Konfliktpartei*** *bzw.* ***Ausbildung an solchen Waffen*** *in Rede stünde, würde man den gesicherten Bereich der Nichtkriegsführung verlassen.«*[40]

Eine Ausbildung von 18 ukrainischen Besatzungen an der Offensivwaffe Panzerhaubitze 2000 begann die Bundeswehr offiziell am 11. Mai 2022 in Idar-Oberstein/Deutschland.[41] Die NATO lastet die Verantwortung für eine mögliche Eskalation zu einem atomaren Weltkrieg schon jetzt Russland an, aber die **Änderung der Strategie** des erweiterten NATO-Bündnisses bereitet mutwillig die **Ausdehnung des Kriegs zu einem Dritten Weltkrieg** vor. Die Beteiligten an einem sol-

---

[39] Internationale Politik 5/2000, S. 82, zitiert nach: Stefan Engel, »Götterdämmerung über der ›neuen Weltordnung‹«, Essen, 2003, S. 520

[40] »Rechtsfragen der militärischen Unterstützung der Ukraine durch NATO-Staaten zwischen Neutralität und Konfliktteilnahme«, Wissenschaftliche Dienste, Deutscher Bundestag, 16.3.2022

[41] swr.de 11.5.2022

chen Konflikt können dessen Eigendynamik nicht mehr kontrollieren, sie müssen mit allen Optionen rechnen – bis hin zum verheerenden Schlagabtausch mit atomaren, biologischen und chemischen Waffen.

3. Wechselwirkung von Faschismus und Krieg

Imperialistischer Krieg und Faschismus sind wie siamesische Zwillinge. Willi Dickhut schrieb dazu:

»Faschismus ist nicht nur eine Herrschaftsform der finstersten Reaktion, der schlimmsten Unterdrückung im Innern des Landes gegen das eigene Volk, sondern bedeutet auch mörderische Aggression nach außen, gegen andere Völker. ***Faschismus bedeutet Krieg!****«*[42]

Das bürgerliche **Kriegsrecht** legalisiert Tötungen, Zerstörungen oder Verwüstungen nach dem Beginn des Kriegs gegen einen militärischen Gegner. In der Regel ist damit gleichzeitig der **innenpolitische Ausnahmezustand** verbunden.

Im Interesse des russischen Finanzkapitals hatte der russische Staatspräsident Putin seine Machtposition bereits über Jahre mit faschistoiden Methoden aufgebaut. Die regierungskritische Opposition ließ er ausschalten, die Pressefreiheit abbauen und kritische Medien unter staatliche Kontrolle bringen. Wirkliche Marxisten-Leninisten werden verfolgt und in ihrer Arbeit massiv behindert.

Wladimir Putin pflegt eine vielfältige und enge Zusammenarbeit mit faschistoiden und faschistischen Personen und

[42] Willi Dickhut, »Strategie und Taktik im Klassenkampf«, I. Teil, REVOLUTIONÄRER WEG 20, Stuttgart, 1981, S. 52

Organisationen in Europa wie der Goldenen Morgenröte in Griechenland, der AfD in Deutschland, dem Rassemblement National in Frankreich oder der Fidesz in Ungarn. Ausgehend von Russland verbreiten »Troll-Fabriken« in den »sozialen Medien« millionenfach reaktionäre Verschwörungstheorien, rassistische Flüchtlingshetze und chauvinistische Propaganda.

Mit der unmittelbaren Kriegführung machte die reaktionäre Entwicklung in Russland einen **qualitativen Sprung**. Die ICOR[43]-Organisation Marxistisch-Leninistische Plattform (MLP) Russlands schreibt dazu treffend:

»In Russland ist eine faschistische Diktatur errichtet worden«.[44]

Mit der Zweidrittelmehrheit von Putins Partei Einiges Russland und der kritiklosen Unterstützung des imperialistischen Kriegskurses durch alle in der Duma[45] vertretenen Parteien kann Putin auch **ohne formale Ausrufung des Kriegsrechts unumschränkt regieren**. In der Folge wurde nahezu allen kritischen Medien die Arbeit unmöglich gemacht. Internet und »soziale Netzwerke« gab es nur noch für regierungsfreundliche Propaganda. Die Zensurbehörde Roskomnadsor verbot die Bezeichnung des Überfalls auf die Ukraine als »Krieg«. Seit dem 4. März 2022 sind »Diskreditierung des Einsatzes der Streitkräfte der Russischen Föderation« sowie Verbreitung »falscher Informationen« über die Streitkräfte unter schwerste Strafen gestellt. Im Wiederholungsfall drohen bis zu 15 Jahre Haft. Bereits in den ersten zehn Tagen des Ukrainekriegs wurden mindestens **13 000 Kriegsgegner verhaftet und mit schweren Strafen belegt**, darunter

[43] Internationale Koordinierung Revolutionärer Parteien und Organisationen

[44] Brief eines Genossen der MLP an die MLPD vom 12.3.2022 – eigene Übersetzung

[45] Russisches Parlament

auch zahlreiche Marxisten-Leninisten, die sich an den mutigen Protesten beteiligten.

Der Antikommunismus im Ukrainekrieg

Um sich eine wohlwollende **Massenbasis im russischen Volk** zu erschleichen, spielt Putin Russlands Angriffskrieg demagogisch zur antifaschistisch motivierten »militärischen Spezialoperation« herunter.

Die Russische Kommunistische Arbeiterpartei (RKRP), Mitglied im neorevisionistischen solid-Netzwerk, deckt diese verlogene Rechtfertigung auf:

»Vom Klassenstandpunkt aus gesehen scheren sich die russischen Machthaber, ebenso wie die der USA und der EU, einen Dreck um die arbeitende Bevölkerung im Donbass, als auch um die in Russland und in der Ukraine. Wir haben keinen Zweifel daran, dass die wahren Ziele des russischen Staates in diesem Krieg ganz und gar imperialistisch sind …«[46].

Dagegen bescheinigten die Revisionisten der Deutschen Kommunistischen Partei (DKP) Russland noch 2017, es *»agiert … objektiv antiimperialistisch«.*[47] Sie fabulierten nach dem Kriegsausbruch von einer legitimen *»Verhinderung eines unmittelbar bevorstehenden Angriffs«.*[48]

Nicht einmal die Tatsache, dass Putin selbst zur Legitimierung seines Angriffs den offenen Antikommunismus ins Zentrum stellt, kann die DKP in dieser absurden Auffassung erschüttern. Drei Tage vor dem imperialistischen Überfall auf die Ukraine gab Wladimir Putin eine Grundsatzerklärung

---

46 Stellungnahme der RKRP vom 24.2.2022, rkrp-rpk.ru – eigene Übersetzung

47 »Wer beherrscht die EU?«, unsere-zeit.de 14.4.2017

48 Patrik Köbele, »Frieden geht nur mit Russland und China«, unsere-zeit.de 13.4.2022

ab, in der er die sozialistische Nationalitätenpolitik der **Bolschewiki**, namentlich **Lenins**[49] und **Stalins**[50], attackierte. Danach sei

»die heutige Ukraine ... voll und ganz und ohne jede Einschränkung ... vom bolschewistischen, kommunistischen Russland (geschaffen). ... *Lenin und seine Mitstreiter«* seien *»äußerst rücksichtslos gegen Russland«* vorgegangen. Die Verantwortlichkeit sah er in den *»Ideen eines konföderativen Staatsaufbaus und der Parole vom Selbstbestimmungsrecht der Völker bis hin zur Abspaltung«*, auf der *»die sowjetische Staatlichkeit«* beruhte.[51]

In der Tat: Die **sozialistische Nationalitätenpolitik** unter Lenin und Stalin und der imperialistische russische Angriffskrieg verhalten sich wie **Feuer und Wasser**. Freiwilliger Zusammenschluss der sozialistischen Nationen in der UdSSR, Förderung der jeweiligen Sprache und Kultur und internationalistisches Zusammenleben aller Sowjetrepubliken und ihrer Ethnien waren ihr gelebtes Leitmotiv. Der Große Vaterländische Krieg und sein Sieg über den Hitler-Faschismus wurden von allen sowjetischen Nationalitäten getragen.

Wie dummdreist sind doch die antikommunistischen Schreiberlinge in Deutschland, die gebetsmühlenartig Putin andichten, in der **Tradition von Stalin** zu stehen. So behauptet die Kapitalistenzeitung Handelsblatt über Putin:

---

[49] Wladimir Iljitsch Lenin (1870-1924), genialer marxistischer Theoretiker und Führer der proletarischen Oktoberrevolution 1917 und des Aufbaus der sozialistischen Sowjetunion

[50] Josef Stalin, enger Mitstreiter Lenins, von 1922 bis zu seinem Tod am 5.3.1953 Generalsekretär der KPdSU(Bolschewiki) und anerkannter Führer der internationalen marxistisch-leninistischen, revolutionären und Arbeiterbewegung

[51] Wladimir Putin, »Rede an die Nation vom 21.2.2022«, zeitschrift-osteuropa.de

»Er ist ein Stalin, der unter Paranoia litt und sein Volk nach Belieben massakrierte.«[52]

Eher leiden wohl die bürgerlichen Meinungsmacher unter Paranoia, fürchten sich vor der Anziehungskraft des Sozialismus und der durch Putins Attacken in die Diskussion gekommenen Errungenschaften von Stalins Staatsführung! Es war doch gerade das Oberkommando unter Stalin, das die erfolgreiche **Befreiung der Ukraine vom Hitler-Faschismus** anführte. Die Rote Armee, gemeinsam mit den heroischen Partisaninnen und Partisanen, besiegte die deutsche Wehrmacht. Im Auftrag des deutschen Finanzkapitals ermordete die Wehrmacht vier Millionen Menschen in der Ukraine, machte zehn Millionen obdachlos, zerstörte 16 150 Industriebetriebe und 400 Zechen, machte 714 Städte und 28 880 Dörfer dem Erdboden gleich. Bergleute, die sich weigerten, mit dem Hitler-Faschismus zu kollaborieren[53], wurden lebendig in die Schächte geworfen.[54]

Mit dem Faschismus kollaboriert haben dagegen **ukrainische faschistische Organisationen** wie die von **Stepan Bandera** geführte. Es ist ein Skandal, dass dieser noch heute vom ukrainischen Botschafter in Deutschland, dem Faschistenfreund **Andrij Melnyk**, ungestraft als *»Held«*[55] verehrt werden kann. Bandera war glühender Antisemit und im Zweiten Weltkrieg an der Seite der Hitlerfaschisten mitverantwortlich für die Deportation und Ermordung von 800 000

---

[52] Mathias Brüggmann, »Ist Putin der zweite Stalin?«, handelsblatt.com 23.3.2022

[53] mit einer feindlichen Besatzungsmacht zusammenarbeiten

[54] »Die Befreiung der Ukraine«, Folge 13 der US-Filmserie »Der unvergessene Krieg« von Burt Lancaster

[55] Grzegorz Rossoliński-Liebe, »Als Volksheld verehrt, als Schurke geschmäht«, spiegel.de 26.4.2022

Juden in der Ukraine.[56] Kein Wort des Protests ist von den heiligen Kämpfern gegen den Antisemitismus in den bürgerlichen Parteien Deutschlands zu hören, wenn Melnyk seine provokative Kriegshetze verbreitet!

Der **liberale Umgang mit den Faschisten in der Ukraine** und ihre teils **systematische Förderung** bis zur Integration der faschistischen Asow-Brigade in die ukrainische Armee dienen Putin als eine der **Rechtfertigungslinien** für seinen Überfall auf die Ukraine. Mit der Vermischung von Wahrheiten, Halbwahrheiten und Lügen knüpft er demagogisch am berechtigten Stolz der russischen und ukrainischen Massen über den Sieg der sozialistischen Sowjetunion über den Hitler-Faschismus an. Damit lenkt er von den wirklichen Motiven des Angriffskriegs ab: dem aktuellen Kampf des russischen Neuimperialismus um die Vorherrschaft in Europa.

Die Ukraine – ein durch und durch reaktionärer kapitalistischer Staat

Es ist ein Hohn, wenn Bundeskanzler Olaf Scholz/SPD behauptet: Der Krieg Russlands gegen die Ukraine *»richtet sich gegen alles, was Demokratie ausmacht«*.[57] In Wirklichkeit wurde in der Ukraine unter der **Herrschaft der Oligarchen** und auch der Regierung Wolodymyr Selenskyjs alles, was bürgerliche Demokratie ausmacht, schon in den Jahren zuvor unterdrückt. 2015 wurden **kommunistische Symbole** verboten, Arbeiterkämpfe auch nach Antritt der Regierung Selenskyjs unterdrückt. Jahrelang lehnte die EU den Aufnahmewunsch der Ukraine ab, weil diese wesentliche Aufnahmekriterien nicht erfüllte wie eine *»stabile und rechtsstaatliche Demokratie, … aber auch … eine funktionsfähige und wettbewerbsfä-*

---

56 deutschlandfunkkultur.de 13.4.2022

57 »Krieg gegen alles, was Demokratie ausmacht«, tagesschau.de 29.4.2022

hige Marktwirtschaft«.[58] Noch im September 2021, also lange nach der Wahl Selenskyjs zum Präsidenten 2019, bescheinigte der Europäische Rechnungshof (ECA) der Ukraine *»Großkorruption* (als) *ein zentrales Problem«.*[59] Die Organisation humedica erklärte schon 2021 zur sozialen Lage in der Ukraine:

»Ein Monatseinkommen von rund 350 Euro und Lebenshaltungskosten auf westeuropäischem Standard – heute gelten mehr als 45 Prozent der Bevölkerung als arm. ... Wer in der Ukraine auf ärztliche Hilfe angewiesen ist oder ein krankes oder gar behindertes Kind auf die Welt bringt, der steht häufig vor dem finanziellen Ruin.«[60]

Dagegen besaßen 2021 allein die sieben reichsten Männer des Landes ein Privatvermögen von 11,9 Milliarden US-Dollar.[61] Im Januar 2022 trat in der Ukraine ein rassistisches Sprachengesetz in Kraft, das die russische Sprache im öffentlichen Raum diskriminiert – obwohl 40 Prozent der ukrainischen Bevölkerung im privaten Umfeld russisch sprechen.

Mit Kriegsbeginn wurde in der Ukraine das **Kriegsrecht verhängt** und sämtliche demokratischen Rechte und Freiheiten wurden aufgehoben. Die **Gewalt** wurde zur hauptsächlichen Herrschaftsmethode: Zwangsarbeit, Enteignung, Beschränkung der Freizügigkeit, vollständiges Verbot von Versammlungen und Streiks, Parteiverbote, Medienzensur, allgemeine Wehrpflicht, Internierung von Ausländern oder Aussetzung von Wahlen.

Jede Opposition gegen das Selenskyj-Regime wird inzwischen mit dem Vorwurf »prorussischer Aktivität« verfolgt und

---

58 Florian Schillat, »Warum die Ukraine der EU nicht rasch beitreten wird«, stern.de 1.3.2022

59 ebenda

60 »Ein Leben unterhalb der Armutsgrenze«, humedica.org 27.4.2021

61 de.statista.com 24.5.2022

ausgeschaltet. Per Dekret verbot der Präsident am 18. März 2022 die Aktivitäten von elf oppositionellen Parteien, darunter der Block linker Kräfte, die Linke Opposition und die Sozialistische Partei der Ukraine. Am 20. März folgte ein Dekret zur Zusammenlegung aller nationalen Nachrichtensender unter Kontrolle der Regierung.

Die ICOR-Organisation Koordinierungsrat der Arbeiterbewegung der Ukraine (KSRD) berichtet von **besonderen Angriffen auf die Arbeiterklasse**:

»Gleichzeitig haben die ukrainischen Behörden unter dem Kriegsrecht das Arbeitsrecht verschärft. ... wesentlich einfachere Entlassung von Arbeiterinnen und Arbeitern, die Erhöhung der Wochenarbeitszeit von 40 auf 60 Stunden und die Abschaffung staatlicher Feiertage. ... Jegliche Streiks sind verboten.«[62]

Es ist an Heuchelei kaum zu überbieten, wie **Wolodymyr Selenskyj** – bestens inszeniert im olivgrünen T-Shirt und mit Dreitagebart – international in den Massenmedien als tapferer **Verteidiger von Freiheit und Demokratie** auftritt.

Die Arbeiterklasse und die breiten Massen in der Ukraine haben **jedes Recht, sich gegen die imperialistische Aggression Russlands mit der Waffe in der Hand zu wehren**. Doch im Kampf für sofortigen Frieden ist diese Regierung kein ehrlicher Partner. Erst recht im Kampf für soziale Befreiung muss auch ein Sieg über **die eigene Regierung**, **der Sturz des reaktionären Selenskyj-Regimes**, errungen werden. Diesem komplizierten **Zweifrontenkrieg** der ukrainischen Massen gehört die volle Solidarität des proletarischen Internationalismus.

[62] »Russische Gräueltaten und Streikverbot durch die ukrainische Regierung«, rf-news.de 13.4.2022

Der Krieg forciert die weltweite Rechtsentwicklung

Am 24. Mai 2022 rief der ungarische Ministerpräsident Viktor Orbán nach einer eilends im Parlament durchgepaukten Grundgesetzänderung zum dritten Mal[63] den **Notstand** in seinem Land aus mit der Begründung: *»Der Krieg in der Ukraine sei ›eine ständige Gefahr für Ungarn‹«.*[64] Seine Notstandsregierung verfügt über ein reichhaltiges Arsenal reaktionärer Maßnahmen: Aussetzung von Gesetzen oder ihrer Anwendung[65], Streikverbot, Senkung der Gewerbesteuer der Unternehmen um die Hälfte, Selbstbedienung aus der Staatskasse[66], Bestrafung nicht genehmer Berichterstattung mit bis zu fünf Jahren Gefängnis[67].

Doch nicht nur allseits als reaktionär bekannte Regierungen wie die von Viktor Orbán verschärfen den Kurs. Auch in Deutschland gibt es, wie in den meisten europäischen Ländern und in den USA, eine **forcierte Rechtsentwicklung** der Gesellschaft, nehmen **Militarisierung und Faschisierung** des Staats zu.

In Deutschland treten Teile des Kriegsrechts bereits im **Bündnisfall**[68] in Kraft und vollständig im sogenannten Verteidigungsfall nach Artikel 115a des Grundgesetzes. Schon wenn ein bewaffneter Angriff *»unmittelbar droht«*, kann die Bundeswehr im Inland eingesetzt werden und gilt das gesamte Arsenal der **Notstandsgesetzgebung**. Das bedeutet: Ver-

---

[63] zuvor wegen der Flüchtlingskrise und der Corona-Pandemie

[64] »Orbán regiert in Ungarn weiter per Notstand«, tagesschau.de 25.5.2022

[65] proasyl.de 1.4.2020

[66] tagesschau.de 25.5.2022

[67] deutschlandfunk.de 27.3.2020

[68] Artikel 5 der NATO regelt den »NATO-Bündnisfall«, die Verpflichtung aller NATO-Staaten, bei einem bewaffneten Angriff auf ein Mitgliedsland diesem militärisch beizustehen.

bot von Versammlungen und Streiks, massive Einschränkung der freien Meinungsäußerung und der Medien, Beschlagnahmung von Eigentum, angeordnete Umstellung der Produktion oder Zwangsarbeit und sofortige Verhaftung einer Person, wenn *»erhebliche oder tatsächliche Anhaltspunkte für den Verdacht vorliegen, daß sie Handlungen begeht, fördert oder veranlaßt, die strafbar sind als Hochverrat, Staatsgefährdung, Landesverrat, Straftat gegen die Landesverteidigung«*[69].

Aus alldem spricht die unverhohlene Angst der Herrschenden vor dem unweigerlich entstehenden Widerstand gegen Armut, Arbeitslosigkeit, Kriegs- und Krisenfolgen. Für die internationale Arbeiter- und Volksbewegung ist es unverzichtbar, den **Kampf gegen Krieg und Faschismus** mit dem **Kampf um den Erhalt und die Erweiterung demokratischer Rechte und Freiheiten** zu verbinden als Schule des Kampfs für den Sozialismus.

4. Der Übergang zum weltweiten Wirtschaftskrieg

Die NATO-Staaten belegten Russland mit der **Kriegswaffe** massiver **Sanktionen**. Dem ersten **Sanktionspaket** der EU vom 23. Februar folgten bis zum 3. Juni 2022 fünf weitere. Dazu kamen Sanktionen vieler einzelner Länder wie der USA, von Großbritannien, Kanada, Japan, der Schweiz usw.

Erstens richten sich Maßnahmen wie das Einfrieren von Vermögenswerten und Einreiseverbote gegen zunächst 1 091

[69] »Notverordnung über Sicherheitsmaßnahmen«, zitiert nach: Willi Dickhut, »Der staatsmonopolistische Kapitalismus in der BRD«, Teil II, Stuttgart, 1979, S. 253

Personen und 80 Organisationen, darunter Oligarchen oder der russische Außenminister Sergej Lawrow sowie Präsident Wladimir Putin.

Zweites Ziel sind Unternehmen und Banken: Unter anderem können Aktien russischer Staatsunternehmen nicht mehr in der EU gehandelt werden. Russische Banken, auch die russische Zentralbank, können in der EU kein Geld mehr verleihen oder leihen. Sieben große russische Banken sind aus dem Zahlungssystem SWIFT ausgeschlossen worden.

Drittens richten sich die Sanktionen gegen Importe und Exporte der russischen Wirtschaft. Die westlichen Staaten unter Führung der NATO stoppten die gerade fertiggestellte Erdgas-Pipeline Nord Stream 2. Sie verboten auch den Import von russischer Kohle, die Tätigkeit von russischen und belarussischen Speditionen in der EU und das Einlaufen von Schiffen unter russischer Flagge in EU-Häfen. Weiter gibt es gezielte Ausfuhrverbote in hochtechnologische Bereiche Russlands im Umfang von 10 Milliarden Euro, erweiterte Einfuhrverbote und die Abkoppelung Russlands von öffentlichen Aufträgen und europäischen Geldern. Die EU beschloss mit dem sechsten Sanktionspaket ein Ölembargo, das allerdings nur für Öltanker und nicht für Pipelines gelten soll..

Die Sanktionen haben in ihrer Gesamtheit den Charakter eines **weltweiten Wirtschaftskriegs** angenommen mit entsprechenden Auswirkungen auf die politische Ökonomie des imperialistischen Weltsystems. Entgegen dem unsinnigen Versprechen, ökonomische Sanktionen könnten den Krieg stoppen, haben sie **keinen unmittelbaren Einfluss** auf den **konkreten Verlauf des Kriegs**.

Der Vorsitzende der CDU, **Friedrich Merz**, sieht den Zweck der Sanktionspolitik gegen Russland darin, *»dem in-*

dustriell-militärischen Komplex dieses Landes das Rückgrat zu brechen«[70].

Es geht **strategisch** also darum, **Russlands Wirtschaft zu ruinieren** und den weiteren **Aufstieg Russlands als neuimperialistische Macht zu stoppen**.

Unter der Bedingung der internationalisierten Produktion und aufgrund der Tatsache, dass sich **154 Länder der Welt** – darunter große Länder wie China, Brasilien, Indien, Mexiko, Indonesien und sogar das NATO-Mitglied Türkei – bisher **nicht an den Sanktionen beteiligen**, kann die NATO ihre Ziele kaum erreichen. So werden die **finanzpolitischen Sanktionen** unter anderem durch die chinesische SWIFT-Alternative CIPS **unterlaufen** sowie durch das von Russland geschaffene SPFS-System, an das 400 russische Banken angeschlossen sind. Zum Beispiel hat Indien, das 80 Prozent seines Ölbedarfs importieren muss, im unmittelbaren Umfeld der Sanktionsbeschlüsse *»die Einfuhr von mehr als drei Millionen Barrel Rohöl aus russischer Förderung«* vereinbart.[71] Viele Länder in Asien, Afrika oder Lateinamerika handeln mit Russland als vermeintlichem Bündnispartner im Kampf gegen die neokoloniale Ausbeutung ihrer Länder durch die USA. Manche wollen auch ihre eigenen imperialistischen Ambitionen ausbauen.

Zudem gestaltet sich die Zusammenarbeit mit den notwendig gewordenen **Ersatzlieferanten** für Energie nach Europa keineswegs problemlos. Kurz nachdem mit Katar alternative Gaslieferungen vereinbart worden waren, forderte das reaktionäre Emirat Abnahmegarantien für mindestens 20 Jahre

---

70 Marie Illner, »CDU-Chef Merz bei ›Maybrit Illner‹: Harsche Kritik von der Oppositionsbank«, web.de 8.4.2022

71 Arne Perras, »Wie Indien eine Isolation Putins erschwert«, sueddeutsche.de 17.3.2022

zu unverschämten Preisen.[72] Bis dahin wollte Deutschland jedoch längst fast vollständig auf fossile Energien verzichten.

Entgegen allen vollmundigen Absichtserklärungen westlicher Regierungen tragen die **russischen Massen die Hauptlast der imperialistischen Sanktionspolitik** – und eben nicht die hauptverantwortlichen Kriegstreiber und Oligarchen. Allein in Moskau verloren 200 000 Beschäftigte ihre Arbeitsplätze, weil ausländische Firmen ihren Betrieb eingestellt haben und internationale Versorgungsketten weitgehend gekappt sind. Bereits im März 2022 stieg die Inflation in Russland auf 17,3 Prozent.[73]

Russland, bis 2021 beliebter Handelspartner Deutschlands und Lieferant von 55 Prozent des deutschen Gasverbrauchs, lieferte noch Mitte April 2022 täglich Erdgas mit einer Kapazität von circa 2 400 Gigawattstunden. Außerdem bezog Deutschland rund 50 Prozent seiner Importkohle und rund 35 Prozent seines Erdöls aus Russland.[74]

Vor allem die deutschen Energie-, Chemie- und Stahlkonzerne, die bisher besonders von den wirtschaftlichen Beziehungen zu Russland profitieren, wollen die **Sanktionen nicht bis zum Äußersten treiben**. BASF-Chef **Martin Brudermüller** warnte die deutsche Bundesregierung eindringlich davor, sich auf einen Stopp russischer Gaslieferungen einzulassen: Eine solche Maßnahme »*könnte die deutsche Volkswirtschaft in ihre schwerste Krise seit Ende des Zweiten Weltkriegs bringen und unseren Wohlstand zerstören*«.[75]

---

[72] fr.de 10.5.2022

[73] rnd.de 25.4.2022

[74] handelsblatt.com 12.3.2022

[75] Maja Brankovic, Marcus Theurer, »BASF-Chef im Interview: ›Wollen wir sehenden Auges unsere gesamte Volkswirtschaft zerstören?‹«, faz.net 4.4.2022

Entgegen der bürgerlichen Propaganda von der großen Einheit der NATO und der EU wies der Chef des Monopolverbands der deutschen Industrie (BDI), **Siegfried Russwurm**, bereits am 7. März 2022 die Forderung der US-Regierung nach einer Abkoppelung der deutschen Wirtschaft von China und Russland brüsk zurück:

»Wir waren und werden nicht Befehlsempfänger der amerikanischen Regierung. ... (Putins) *Verbrechen sind nicht das Aus von globalem Handel und globaler Arbeitsteilung. Austausch, nicht Abschottung bleibt unser Prinzip.«*[76]

Bundeskanzler Scholz schließt sich der Drohung an, dass ein Gasembargo *»von einem Tag auf den anderen ... unser Land und ganz Europa in eine Rezession ... stürzen«* würde.[77] Die **Angst vor politischen Massenprotesten und vor der Entwicklung des proletarischen Klassenkampfs** gegen die Abwälzung der Krisen- und Kriegslasten auf den Rücken der Massen ist eine Triebfeder des Krisenmanagements der Bundesregierung.

Doch mit dem spätestens Ende April beschlossenen Strategiewechsel der NATO ließ auch die Bundesregierung bis dahin vorhandene Hemmungen fallen. Sie bürdete die Kriegs- und Krisenlasten immer offener den Massen auf. Allein die durch die **Sanktionspolitik angeheizte Spekulation** mit Lebensmitteln, Rohstoffen aller Art und Energieprodukten treibt die Inflation gewaltig in die Höhe. Die von der Ampel-Koalition beschlossenen sogenannten »**Entlastungspakete**« für einen Teil der Bevölkerung sind nur eine kurzfristige Dämpfung. Zynisch rechtfertigt Vize-Kanzler Robert Habeck das Ölembargo gegen Russland mit den Worten:

---

[76] Jan Dams, Philipp Vetter, »Es ergibt wenig Sinn, sich selbst schärfer zu bestrafen als den Aggressor«, welt.de 7.3.2022

[77] Bulletin der Bundesregierung Nr. 37-1, 23.3.2022

»Das … wird eine Zumutung bedeuten. … wenn nachher die Preise nach oben gehen. … das ist der Preis, der getragen werden kann und … muss.«[78]

Die Propaganda für **Klassenzusammenarbeit und Verzicht** wurde wesentlicher **Bestandteil der psychologischen Kriegführung**. Das Internetportal Telepolis deckte auf:

»Die Behauptung, die Inflation sei das Produkt des Ukraine-Krieges, ist also schlicht eine Falschmeldung. Es fällt ja auch gleich auf, dass durch den Krieg noch keine Ernte in der Ukraine oder Russland ausgefallen ist … Auch Gas und Öl fließt zu den vereinbarten Preisen aus Russland nach Westen. … (Die) *Preisbildung … wird eben nicht, wie meist unterstellt, durch die derzeitigen Kosten bestimmt, sondern richtet sich auf zukünftige Gewinnerwartungen.«*[79]

Folgerichtig schwärmt die Zeitschrift WirtschaftsWoche am 18. Mai 2022:

»Der Markt für Rohöl ist … auch ideal geeignet, um Geld anzulegen. … Wer zum Beispiel in den vergangenen zwölf Monaten … auf Öl gesetzt hat, konnte seinen Einsatz gemessen am Preis für ein Fass Rohöl fast verdoppeln.«[80] Das konterkariert natürlich die Wirkung der Sanktionen. So rechnet Russland in diesem Jahr trotz der Embargos mit zusätzlich 13,7 Milliarden Euro für den Export von fossilen Brennstoffen.[81]

---

[78] »Habeck: Haben hart für Ölembargo gearbeitet«, zdf.de 2.5.2022

[79] Suitbert Cechura, »Inflation, Krieg, Spekulation«, heise.de 8.4.2022

[80] Anton Riedl, »Diese Ölspekulationen bieten bis zu 50 Prozent Gewinnchance«, wiwo.de 18.5.2022

[81] n-tv.de 28.5.2022

Die offene Krise der Neuorganisation der internationalen Produktion

Bedeutender als die **unmittelbaren wirtschaftlichen Rückwirkungen** der Sanktionen sind die globalen und damit **strategischen Erschütterungen** im Gefüge der Neuorganisation der internationalen Produktion. Sie sind in ihrer Tragweite noch kaum abzusehen. Anders als die US-Monopole, die maßgeblich im riesigen Binnenmarkt produzieren und ihre Produkte absetzen, produzieren die deutschen internationalen Monopole vor allem im Ausland und realisieren dort ihre Maximalprofite.[82] Der Wirtschaftskrieg des Westens gegen Russland hat eine **zweischneidige Wirkung**. Denn er treibt Russland gleichzeitig an, den Ausbau der »freundschaftlichen Beziehungen« mit den sanktionsfeindlichen Ländern und vor allem mit dem neuimperialistischen China zu einem **wirtschaftlichen, politischen und militärischen Block** noch entschiedener zu entwickeln.

Damit provoziert die Sanktionspolitik von NATO und EU das **Ende des einheitlichen Weltmarkts**, der ökonomischen Hauptbedingung der Neuorganisation der internationalen Produktion. Es zeichnet sich schon jetzt ab, dass sich der begonnene Weltwirtschaftskrieg künftig ausweitet. So forderte NATO-Generalsekretär Stoltenberg im Mai 2022 auf dem Weltwirtschaftsforum in Davos unter dem demagogischen Motto *»Freiheit ist wichtiger als Freihandel«* eine **Entkoppelung der Wirtschaft von China**.[83] Die seitherige internationale Arbeitsteilung ist infrage gestellt, während sie

[82] Prozentualer Anteil von Auslandsumsatz/Auslandsproduktion wichtiger deutscher internationaler Monopole im Jahr 2018: BASF 88,9/71,6 – Siemens 86,4/79,2 – VW 88,7 (Auslandsabsatz)/79,1 – ThyssenKrupp 70,8 (Auslandsumsatz)

[83] dpa, »Nato-Generalsekretär: Freiheit ist wichtiger als Freihandel«, zeit.de 24.5.2022

gleichzeitig unverzichtbare Notwendigkeit für die Maximalprofit bringende monopolistische Industrieproduktion bleibt. Wichtige **Produktionsverbünde werden auseinandergerissen** und ganze Industriebranchen von Rohstoffen und Vorprodukten abgeschnitten und in dauerhafte Krisen gestürzt. Die Einschränkung oder gar das völlige Abschneiden von bisher offenen Absatzmärkten erschwert auch den **Absatz der gesteigerten Massenproduktion** der Übermonopole. Die Folgen für die Weltwirtschaft sind noch nicht absehbar, zumal diese Entwicklung auf eine schon im Vorfeld des Kriegs entstandene **Logistik-, Energie- und Rohstoffkrise sowie eskalierende Handelskriege** trifft. In böser Vorahnung prognostizierte die deutsche Außenministerin Annalena Baerbock einen künftigen *»Hurrikan von Krisen«* auf der Welt.[84]

In der Weltwirtschaft hat **eine offene Krise der Neuorganisation der internationalen Produktion eingesetzt**, die die Destabilisierung des imperialistischen Weltsystems **weiter enorm beschleunigt**. Der Übergang zum Weltwirtschaftskrieg spitzt den **hauptsächlichen Widerspruch** zwischen den revolutionären **internationalisierten Produktivkräften und der nationalstaatlichen Macht** und der Organisation der kapitalistischen Produktionsverhältnisse aufs Äußerste zu. Das **treibt die Gefahr eines Dritten Weltkriegs** voran. In dem Buch »Götterdämmerung über der ›neuen Weltordnung‹« heißt es dazu:

»Dass der Imperialismus zwar die Neuorganisation der Produktion einleiten, aber aufgrund seiner unlösbaren inneren Widersprüche nie einen Weltstaat schaffen kann, offenbart, ***dass der Imperialismus an eine relative Grenze seiner historischen Entwicklung stößt****. Die modernen Produktivkräfte*

84 »Baerbock ruft zum Kampf gegen Hunger auf«, n-tv.de 14.4.2022

verlangen nach Produktionsverhältnissen, die ihrem internationalen Charakter entsprechen, aber diese sind nur in vereinigten sozialistischen Staaten der Welt zu verwirklichen.«[85]

5. Der Ukrainekrieg beschleunigt die Entwicklung zur globalen Umweltkatastrophe

Bereits vor der Ukrainekrise **beschleunigte** sich der **Übergang in die globale Umweltkatastrophe**. Mehr oder weniger alle imperialistischen Länder kündigten durchgreifende Umweltschutzmaßnahmen an, vor allem als Reaktion auf die weltweite Umweltmassenbewegung besonders unter der Jugend. Doch schon kurz nach dem russischen Überfall auf die Ukraine erklärten sie einen **umweltpolitischen Paradigmenwechsel**. Fortan müsse der **Klimaschutz** als bisheriges Top-Ziel den »**Sicherheitsinteressen**«**, sprich der Vorbereitung eines Dritten Weltkriegs, untergeordnet werden**. Am 31. März 2022 verkündete US-Präsident Biden:

»Wir müssen uns für langfristige Sicherheit statt Energie- und Klimaanfälligkeit entscheiden.«[86]

Die **mutwillige Zerstörung** der Einheit von Mensch und Natur erfährt damit eine **neue Qualität**. Unterstützung erfuhr Bidens demagogische Losung von der deutschen Rüstungsindustrie. Der Hauptgeschäftsführer des Bundesverbands der Deutschen Sicherheits- und Verteidigungsindustrie, **Dr. Hans Christoph Atzpodien**, formulierte bereits Ende 2020 den neuen »systemrelevanten« Grundsatz, dass *»Sicherheit … die*

---

[85] Stefan Engel, Essen, 2003, S. 568

[86] Coral Davenport, »As Gas Prices Soar, Biden's Climate Ambitions Sputter«, nytimes.com 1.4.2022

›Mutter‹ der Nachhaltigkeit und des entsprechenden Wohlstandes« sei.[87] Es war Aufgabe von Olaf Scholz und seiner Regierungsmannschaft, die **Umweltbewegung auch in Deutschland** auf den **neuen außen- und umweltpolitischen Kurs** zu trimmen. Wachsende Kritik daran bis hinein in die Grüne Jugend beantwortete Robert Habeck, Philosoph und Bundesminister für Wirtschaft und Klimaschutz, demagogisch mit einer verbalen Neuschöpfung vom *»ökologische*(n) *Patriotismus«*.[88]

Habecks **»ökologischer Patriotismus«** ist aber nichts als eine neue Variante des **Sozialchauvinismus**.[89] Nur sollen diesmal die Arbeiter und die breiten Massen sowohl auf ihre berechtigten sozialen, ökonomischen und politischen Forderungen verzichten als auch drastische Verschärfungen der Umweltkrise widerstandslos hinnehmen.

Der US-Imperialismus verbindet mit seiner Kehrtwende in der Umweltpolitik auch das Ziel, **Energiesupermacht** zu werden. In Verbindung mit dem am 8. März 2022 verhängten Importstopp für russisches Öl, Kohle und Gas[90] durch die USA kommentiert die New York Times, dass *»Präsident Biden weitgehend aufgehört* (hat), *für seine ehrgeizigen Pläne zur Bekämpfung des Klimawandels zu werben, und sich stattdessen darauf konzentriert, so viel Öl und Gas wie möglich zu pumpen«*.[91]

---

[87] Dr. Hans Christoph Atzpodien, »Sicherheit als ›Mutter‹ aller Nachhaltigkeit – Zur aktuellen ›Systemrelevanz‹ von innerer und äußerer Sicherheit«, Behörden Spiegel Newsletter Verteidigung. Streitkräfte. Wehrtechnik, 1.10.2020

[88] »Habeck präsentiert sein ›Osterpaket‹«, tagesschau.de 6.4.2022

[89] Chauvinismus ist extremer Nationalismus, Sozialchauvinismus verbrämt und rechtfertigt ihn mit einem pseudosozialen bzw. pseudoökologischen Anstrich.

[90] manager-magazin.de 8.3.2022

[91] Michael Barbaro, »Biden's Climate Shift«, nytimes.com 12.4.2022 – eigene Übersetzung

Biden will außerdem die Abhängigkeit Europas von den USA verstärken und verloren gegangenes Terrain in der Weltwirtschaft, aber auch geschwundenes Vertrauen der US-Bevölkerung in seine Regierung, wiedererlangen. Allein in den USA plant die staatliche Energiebehörde, das **Fracking** bis 2030 um 15 Prozent[92] zu steigern. Das Forum gasexportierender Länder will sogar eine weltweite Steigerungsrate von 66 Prozent.[93]

In Deutschland erweisen sich dafür vor allem »Die Grünen« als willfähriger Bündnispartner. Der grüne Bundeswirtschaftsminister Habeck forcierte massiv den zuvor von seiner Partei stets heftig bekämpften Bau von **Flüssiggasterminals (LNG)** in Brunsbüttel, Stade und Wilhelmshaven, um Frackinggas aus den USA einführen zu können. Um der Sache einen ökologischen Anstrich zu verleihen, sollen diese Terminals später angeblich auch für Wasserstoffimporte verwendbar sein.

Erdgas und Fracking schädigen das Klima nicht nur durch das bei der Verbrennung entstehende CO_2 und die in die Erde gepumpten Chemikalien, sondern auch durch die massive Freisetzung des Treibhausgases Methan aus Bohrlöchern und Pipeline-Lecks. Methan hat ein mehr als 20-mal stärkeres Treibhauspotenzial als CO_2[94] und verursachte im Jahr 2019 bereits 16,4 Prozent der Erderwärmung.[95]

Unter der demagogischen Flagge, nie wieder Geld für die Menschenrechtsverletzungen eines Wladimir Putin bereitzustellen, strukturierte die Bundesregierung neben der Gas- auch die **Ölversorgung** neu; sie schloss Lieferverträge mit

[92] U.S. Energy Information Administration, Februar 2021

[93] statista.com 21.2.2022

[94] unfccc.int 29.4.2022

[95] epa.gov April 2021

der **Regierung von Katar** ab. Es ist ein Hohn, wenn Finanzminister **Christian Lindner** erklärt: *»Wir wollen Handelspartner, die auch Wertepartner sind.«*[96]

Da sind die ultrareaktionären Scheichs von Katar mit ihrem feudalfaschistischen Regime genau die richtige Adresse! Was kümmern Lindner und Habeck die systematisch begangenen Menschenrechtsverletzungen, die offensichtliche Unterstützung der faschistischen IS-Terrororganisationen und Katars weltanschauliche und politische Nähe zum faschistischen Taliban-Regime in Afghanistan? *»Wertepartner«* für Deutschlands bürgerliche Demokraten kann man eben allein schon dadurch werden, dass man im Weltwirtschaftskrieg gegen Russland auf der »richtigen« Seite steht, das heißt gegen den aktuellen imperialistischen Hauptkonkurrenten.

Der von Robert Habeck und der EU propagierte **Ausbau der erneuerbaren Energien** blieb dagegen äußerst bruchstückhaft oder wurde streng auf die Monopole ausgerichtet. So regelt Artikel 8 der EU-Taxonomie, dass Windradprojekte von Unternehmen als »grün« gefördert werden, wenn diese über 500 Mitarbeiter haben und kapitalmarktorientiert sind.[97]

Schon Anfang 2022 trat Bundesminister Habeck für die Einstufung von **Erdgas** als besonders förderungswürdige *»Brückentechnologie«*[98] ein, als Brücke zu erneuerbaren Energien. Die EU-Kommission segnete das prompt ab – unter Einschluss der Förderung von Atomenergie.[99] In wessen Interesse dieses umweltpolitische Desaster steht, offenbart die nach

---

[96] »Scholz, Habeck und Lindner sprechen nach Klausurtagung«, focus.de 4.5.2022

[97] sueddeutsche.de 4.3.2022

[98] Julian Olk, Klaus Stratmann, »Bundesregierung akzeptiert Erdgas für den Übergang«, handelsblatt.com 21.1.2022

[99] tagesspiegel.de 2.2.2022

Kriegsbeginn offen vorgebrachte Forderung des Bundesverbands der Deutschen Industrie (BDI), dass

»ohne ideologische Vorbehalte eine Verlängerung der drei noch laufenden Kernkraftwerke und der zuletzt abgeschalteten drei Standorte erwogen werden (sollte).*«*[100]

»Ohne ideologische Vorbehalte« bedeutet im Klartext, die imperialistischen Pläne zum Erhalt und Ausbau der Atomenergie vorbehaltlos zu unterstützen und die Gesundheit der Bevölkerung mutwillig und erheblich zu gefährden.

Von **Atomkraftwerken** gehen unberechenbare Gefahren aus. Alle Atomanlagen sind zur Kühlung ihrer Brennelemente auf eine sichere Stromversorgung angewiesen. Wird diese zum Beispiel durch Krieg oder Naturkatastrophen unterbrochen, droht eine **unkontrollierbare Kernschmelze.**[101] Dafür stehen die historischen Beispiele von Tschernobyl und Fukushima.

Mit der Förderung von Atomkraftwerken ist eine **militärische Nutzung der Atomkraft** engstens verknüpft. Offenherzig führte der französische Präsident **Emmanuel Macron** aus:

»Ohne zivile Atomkraft keine militärische Atomkraft, ohne militärische Atomkraft keine zivile Atomkraft.«[102]

Die erstrebte Renaissance der Atomenergie ist unmissverständlich auch auf die **Aufrüstung Europas mit Atomwaffen** gerichtet. Dasselbe gilt für die Verstärkung der »nuklearen Teilhabe« Deutschlands im Rahmen der NATO, die sich in der Anschaffung der als Atomwaffenträger geeigneten US-amerikanischen F-35-Kampfflugzeuge niederschlägt.

[100] BDI, »Zeitenwende – Ausstieg aus russischer Energie«, bdi.eu 6.4.2022

[101] spektrum.de 4.3.2022

[102] »Discours du Président de la République au Creusot sur l'Avenir du Nucléaire«, 8.12.2020 – eigene Übersetzung

Die wachsende Gefahr eines Atomkriegs

Im Jahr 2021 besaßen neun imperialistische Atommächte zusammen circa 13 080 Atomwaffen. Ihr Zerstörungspotenzial würde rein rechnerisch ausreichen, um die heutige Biosphäre der Erde mehrfach zu zerstören. Die imperialistischen Militärstrategen sowohl der NATO als auch Russlands entwickeln aktuell wieder die verbrecherische **Konzeption eines begrenzbaren Atomkriegs** – wie in den 1980er-Jahren.

Der russische Präsident Putin droht unverhohlen mit dem Einsatz von Atomwaffen[103] und Präsident Biden bekräftigt den Anspruch der USA auf einen Ersteinsatz von Nuklearwaffen.[104] Die atomar ausgerüstete Hyperschallrakete »Dark Eagle« kann Moskau von Deutschland aus in 21 Minuten und 30 Sekunden erreichen und zerstören.[105] Seit März 2022 trainieren US-amerikanische Soldaten mit diesem System.[106] Bisher war die Ablehnung eines Atomkriegs selbstverständlicher Konsens in der Umwelt- und Friedensbewegung. Ausgerechnet ein Artikel von Greenpeace verlieh nun am 31. März 2022 der *»Möglichkeit eines begrenzten Atomkriegs«*[107] ein verharmlosendes Umweltsiegel:

»Bei einem Einsatz einer taktischen Atomwaffe ... wären Hitze-, Druckwelle und Strahlung voraussichtlich auf wenige Kilometer begrenzt.«[108]

In Wirklichkeit bringt jede einzelne – auch taktische – Atomwaffe ungeheure Zerstörung, gewaltige Schäden und

[103] thebulletin.org 27.4.2022

[104] armscontrol.org April 2022

[105] asiatimes.com 14.11.2021

[106] army.mil 14.3.2022

[107] Hannah Lüdert, Christoph von Lieven, »Was bewirkt eine Atombombe?« greenpeace.de 31.3.2022

[108] ebenda

Massen von Toten über Hunderte von Quadratkilometern. Die Atom-Expertin **Nina Tannenwald** stellt zu den absurden atomaren Gedankenspielen klar:

»Selbst eine Nuklearwaffe mit ›kleiner Sprengkraft‹ (0,3 Kilotonnen) würde Schäden verursachen, weit über die eines konventionellen Sprengstoffs. ... Radioaktiver Niederschlag würde Luft, Boden, Wasser und die Nahrungsmittelversorgung verseuchen«.[109]

Die verharmlosend als »Mini-Nukes« bezeichneten Atomwaffen machen einen Atomschlag nicht weniger gefährlich, sondern sogar noch mehr zu einer **realen Option** – mit der Folge einer unkontrollierbaren Eskalation.

Es ist eine verbreitete, aber höchst gefährliche Illusion, dass die Vernunft der Imperialisten einen Atomkrieg nicht zulassen würde. Alle Umweltschützer und Friedenskämpfer sind gefordert, ihren Kampf zur Rettung der Umwelt mit dem Kampf gegen den imperialistischen Krieg zu verbinden und die **Forderung nach Verbot und Vernichtung aller ABC-Waffen** weltweit durchzusetzen.

Gefährlicher Konkurrenzkampf um die Energie- und Rohstoffbasis

Die weltweite Umweltbewegung konnte Monopolen und Regierungen einige Versprechen und Zugeständnisse in Bezug auf den Ausbau erneuerbarer Energien abringen. Die heute im Überfluss vorhandene, industriell kostengünstig herzustellende Energie auf Basis von Wind-, Solar- und weiteren alternativen Energien sowie von Energiespeichern gehört zur umfassenden **materiellen Vorbereitung des Sozialismus in der Einheit von Mensch und Natur**. Unter der Herrschaft

---

[109] Nina Tannenwald, »›Limited‹ Tactical Nuclear Weapons Would Be Catastrophic«, Scientific American, 10.3.2022 – eigene Übersetzung

der Monopole kommt dieses Potenzial wissenschaftlicher und technischer Fortschritte jedoch nicht zur Geltung, im Gegenteil: Es mutiert zum Maximalprofit bringenden Geschäft, ausgerichtet am Streben nach Weltmarktführerschaft.

Aktuell werden 98 Prozent aller Solarzellen in neuimperialistischen Ländern Asiens gefertigt, allein 77,7 Prozent von chinesischen Monopolen[110], während der Anteil von US- und EU-Monopolen zusammenschrumpfte.[111] Bei der Herstellung von Windkraftanlagen stellen die EU-Monopole Vestas, Siemens-Gamesa, Nordex und Enercon einen Anteil am Weltmarkt von 29,7 Prozent, bleiben aber hinter China, das 54,6 Prozent produziert. Auch hier liegen die USA weit abgeschlagen bei nur 11,7 Prozent.[112] Mit der Ukrainekrise **kulminiert der zwischenimperialistische Konkurrenzkampf um die Energie- und Rohstoffbasis**.

Offene Krise des imperialistischen Ökologismus

Die bisherigen Varianten des **imperialistischen Ökologismus** gerieten in eine **offene Krise**. Ihr Credo war die angebliche **»Vereinbarkeit von Ökologie und kapitalistischer Ökonomie«**. Offen scheiterte auch die propagandistische Vergötterung des längst verfehlten Ziels der Erderwärmung von höchstens 1,5 Grad im Pariser Klimaabkommen von 2015.

Selbst der ansonsten eher verharmlosende Weltklimarat der UNO warnt seit 2021 vor einer **Heißzeit der Erde**, die die Menschen mit tödlichen Hitzewellen bedrohe.[113] Im Februar 2022 prophezeite er die Gefahr von unkontrollierten »Ket-

---

[110] futurezone.at 11.2.2022

[111] handelsblatt.com 29.7.2020

[112] »Global top 15 wind turbine OEMs: market share 2020«, Wood Mackenzie, 29.4.2022 – eigene Berechnung

[113] zeit.de 8.8.2021

tenreaktionen«, die akut 3,6 Milliarden Menschen gefährden würden. Das lässt die internationalen Energie- und Rohstoffmonopole jedoch völlig kalt. Sie denken nicht im Traum daran, von der weiteren Erschließung und wachsenden Ausbeutung fossiler Energieträger abzulassen. 2017 verursachten allein 100 Übermonopole 71 Prozent aller industriellen Treibhausgas-Emissionen der Welt.[114] Von 2008 bis 2020 wurde die weltweite Förderung von Kohle um 16,6 Prozent[115], die Erdölgewinnung um 4,1 Prozent[116] und die Erdgasförderung um 27 Prozent[117] gesteigert.

Bewusst herbeigeführte Ernährungs- und Hungerkrisen

Russland und die Ukraine produzieren zusammen 64 Prozent des Sonnenblumenöls, 23 Prozent des Weizens und 18 Prozent des Maises und damit einen bedeutenden Anteil des Nahrungsmittelexports der Welt.[118] Der russische Angriffskrieg gegen die Ukraine vernichtet und raubt die Produktion und Verteilung dieser weltweit lebensnotwendigen Nahrungsmittel. Nach Angaben der UNO-Organisation für Ernährung und Landwirtschaft (FAO) steckten allein Ende April 2022 knapp 25 Millionen Tonnen Getreide in der Ukraine fest, blockiert von der russischen Armee und von verminten Häfen.[119] Dazu kommt die imperialistische Sanktionspolitik, die den Export dieser existenziell notwendigen Lebensmittel in viele Länder Asiens und Afrikas massiv einschränkt.

---

114 Paul Griffin, »The Carbon Majors Database«, CDP Carbon Majors Report 2017

115 IAE, Coal, Analysis and forecast to 2024, S. 12 und 35

116 ourworldindata.org 10.6.2022

117 ebenda

118 ourworldindata.org 24.3.2022

119 tagesschau.de 6.5.2022

Dadurch verschärft sich die grassierende **Ernährungskrise** sprunghaft **zu einer länderübergreifenden Hungerkrise** mit weitreichenden wirtschaftlichen, politischen und sozialen Folgen. Weltweit hungern heute bereits 811 Millionen Menschen und zwei Milliarden leiden an Mangelernährung.[120] Seit Februar 2022 explodieren die Preise für Nahrungsmittel in der ganzen Welt.[121] Um die Verknappung der Grundnahrungsmittel für sich auszuschlachten, drängen Agrarmonopole der EU auf die Ausweitung ihrer Getreideproduktion und steigern übermäßig die Preise für Nahrungsmittel.

Dafür sollen »**lästige« Auflagen für den Umweltschutz in der Landwirtschaft** fallen. Die noch im Koalitionsvertrag der jetzigen Bundesregierung proklamierten Ziele zum Erhalt der Biodiversität[122] verschwinden in der Schublade: so die Vorhaben, 25 Prozent der Agrarflächen bis 2030 ökologisch zu bewirtschaften, von 2023 an vier Prozent der Nutzfläche brachliegen zu lassen und den Einsatz von Pestiziden zu halbieren.[123] Das ist verheerend angesichts des dramatischen Artensterbens mit weltweit mehr als einer Million vom Aussterben bedrohter Arten.

Raubbau an natürlichen Ressourcen

Die **weltweit gesteigerte Aufrüstung** mit über zwei Billionen US-Dollar Rüstungsausgaben im Jahr 2021[124] und erst recht der Krieg sind maßgebliche Faktoren der Umweltkrise. Nicht nur werden Zehntausende Menschenleben und die Lebensbedingungen von Millionen Menschen vernichtet, auch

---

[120] welthungerhilfe.de 17.5.2022

[121] tagesschau.de 8.4.2022

[122] biologische Vielfalt

[123] freitag.de 1.4.2022

[124] sipri.org 25.4.2022

die **Biosphäre wird beschleunigt zerstört**, **Rohstoffe werden vergeudet und die Klimaerwärmung verstärkt**. Allein die US-Streitkräfte stoßen mehr CO_2 aus als das mittlere Industrieland Schweden.[125] Hinzu kommen Verschwendung von Ressourcen sowie Verschmutzung und Verödung von Land und Wasser durch Militärbasen und Militärtransporte.

Mit dem Krieg entwickelt sich in der Ukraine eine **regionale Umweltkatastrophe**. Die Region Donbass ist mit 900 großen Industrieanlagen, darunter 248 Bergwerken, 177 gefährlichen Chemieanlagen sowie 113 Anlagen, die radioaktive Stoffe verwenden, eines der am meisten verseuchten Gebiete der Erde.[126] Schon bis 2021 entwickelte sich vor allem durch Flutung von Zechen eine weiträumige Verseuchung des Grundwassers, sodass circa 3,4 Millionen Menschen keinen Zugang zu sauberem Wasser haben.[127] Die Bombardierung von Stahlwerken wie in Mariupol hat enorme Mengen an Ultragiften und Schwermetallen freigesetzt. Ganze Regionen können so auf längere Zeit unbewohnbar werden.

In der **ökologischen Weltkrise** offenbart sich die ganze Fäulnis und Überlebtheit des imperialistischen Weltsystems. Anerkennung und bewusste Verarbeitung dieser Entwicklung sind entscheidend, damit die Massen einen **gesellschaftsverändernden Umweltkampf** unter Führung der Arbeiterklasse mit der Perspektive des echten Sozialismus aufnehmen.

---

[125] earth.org 12.11.2021

[126] businessinsider.de 25.2.2022

[127] vice.com 24.2.2022

6. Der Übergang des Opportunismus zum Sozialchauvinismus

Seit Anfang 2022 begann weltweit die Manipulation der öffentlichen Meinung mit **psychologischer Kriegführung**, um die Massen für einen imperialistischen Krieg zu gewinnen.

Mit Beginn des Ukrainekriegs bekam der länderübergreifende **Sozialchauvinismus** als Rund-um-die-Uhr-Beeinflussung eine neue Dimension. Jedes imperialistische Land forcierte über seine **monopolisierten Massenmedien** einen regelrechten **Krieg zur Desinformation bis hin zur offenen Kriegshetze**. Das Buch »Die Krise der bürgerlichen Ideologie und des Opportunismus« weist nach:

»In Krisen, wenn deren Kosten und Lasten auf die Massen abgewälzt werden, wenn die Bourgeoisie revolutionäre Entwicklungen bekämpft oder auf Kriegskurs ist – kurz: Wenn sich die Widersprüche verschärfen, geht der Opportunismus gesetzmäßig in ***Sozialchauvinismus*** *über. Seine Leitlinie ist die Propagierung der vollständigen Unterordnung der Arbeiterklasse unter die nationalen Klasseninteressen der Bourgeoisie.«*[128]

Auf der Münchner Sicherheitskonferenz am 19. Februar 2021 – bereits ein Jahr vor dem Ukrainekrieg – schwor der Präsident der USA, Joe Biden, die USA und andere imperialistische NATO-Staaten auf *»das Eintreten für die Souveränität und territoriale Integrität der Ukraine«* ein.[129] Biden hat die **»America first«-Politik** von Donald Trump nicht etwa aufgegeben, wie die meisten bürgerlichen Analysten beschönigen, sondern er hat sie zu einer Strategie und Taktik des hegemo-

[128] Stefan Engel, »Die Krise der bürgerlichen Ideologie und des Opportunismus«, Essen, 2022, S. 242

[129] Joe Biden, Rede auf der Münchner Sicherheitskonferenz, de.usembassy.gov 19.2.2021

nialen Machtanspruchs der USA systematisiert. Um diesen Kern zu vertuschen, verkauft er das Projekt mit chauvinistischer und sozialchauvinistischer Heuchelei als Einsatz für die westlichen Demokratien.

Das führte zu einer **neuen Stufe der Verbreitung der kleinbürgerlich-sozialchauvinistischen Denkweise**: Die internationale Arbeiterklasse möge sich tunlichst patriotisch mit der imperialistischen Ausbeutung und Kriegstreiberei im eigenen Land identifizieren. Statt ihre proletarischen Klasseninteressen zu verfolgen, sich am aktiven Widerstand gegen die Vorbereitung des Dritten Weltkriegs zu beteiligen und sich der Vorbereitung der internationalen sozialistischen Revolution zuzuwenden, solle sie sich mit dem »kleineren Übel« abfinden: der »Demokratie« des US-amerikanischen oder westeuropäischen Imperialismus, der vermeintlich so viel besser sei als der russische oder chinesische.

Auch der russische Präsident Wladimir **Putin** schürte schon lange vor dem Überfall auf die Ukraine die kleinbürgerlich-sozialchauvinistische Denkweise der Massen in Russland. In einem Artikel »Über die historische Einheit von Russen und Ukrainern« verbreitete er mit **völkischer Demagogie**:

»Russen, Ukrainer und Weißrussen sind alle Nachkommen der alten Rus, die der größte Staat Europas war.«[130]

Mit solchem großrussischen Chauvinismus bereitete Putin nicht nur den Einmarsch in die Ukraine weltanschaulich vor, sondern auch weitere Eroberungsfeldzüge. Dabei übersah er in seinem völkisch-nationalistischen Wahn die historische Tatsache, dass die Kiewer (alte) Rus ein Zusammenschluss vor allem ukrainischer Stämme zu einem feudalen Staat war. Später pressten die russischen Zaren die nichtrussischen Völ-

[130] Wladimir Putin, »Über die historische Einheit von Russen und Ukrainern«, kremlin.ru 12.7.2021 – eigene Übersetzung

ker und Gebiete in ihr Reich und machten Russland zu einem Völkergefängnis.

Allen, die eine der beiden kriegführenden imperialistischen Parteien verteidigen, sei ins Stammbuch geschrieben, was Lenin unmissverständlich über die irreführenden Erklärungen zur Entstehung imperialistischer Kriege bemerkte:

»Die Frage, welche Gruppe den ersten militärischen Schlag geführt oder als erste den Krieg erklärt hat, ist bei der Festlegung der Taktik der Sozialisten ohne jede Bedeutung. Die Phrasen von der Verteidigung des Vaterlandes, von der Abwehr eines feindlichen Überfalls, vom Defensivkrieg usw. sind auf beiden Seiten reiner Volksbetrug.«[131]

Die Propagandamaschinerie des US-Imperialismus wirkt vor allem über den Nachrichtensender **CNN International** in 212 Ländern auf mehr als eine Milliarde Menschen ein.[132] Über **Russia Today** (RT), **Sputnik** und durch gezielt verbreitete Botschaften in »sozialen Netzwerken« – »Troll-Armee« genannt – glorifizieren die russischen Neuimperialisten ihren Angriffskrieg in über 100 Ländern.[133] RT hat allein in Lateinamerika fast 30 Millionen Follower. Die *»deutschen … Sichtweisen«*[134] verbreitet besonders die **Deutsche Welle** in 32 Sprachen unter 289 Millionen »User-Kontakten« auf vier Kontinenten.

Journalisten aus aller Welt berichten von früh bis spät »live« mitten aus dem Kriegsgeschehen: Schreckensbilder zerbombter Häuser, verstörter ukrainischer Kinder und Fotos von Gräueltaten der russischen Armee, Interviews mit Betroffe-

---

[131] Lenin, »Die Konferenz der Auslandssektionen der SDAPR«, Werke, Bd. 21, S. 148

[132] de-academic.com 30.4.2022

[133] derstandard.de 3.3.2022

[134] Deutsche-Welle-Gesetz vom 16.12.1997, BGBl. I, S. 3094

nen – all das erweckt den Eindruck, objektiv informiert und hautnah am Geschehen zu sein. Nie erfährt man dabei etwas über die ukrainischen Militäreinsätze, außer dass die Soldaten »heldenhaft« Widerstand leisten.

Dabei setzen die Medien vorrangig auf die **Mobilisierung der Gefühle**. Waffenlieferungen wurden unversehens zu einer rein moralischen Frage und zum alternativlosen Ausdruck von Mitgefühl, Empathie und Solidarität.

Neu in Deutschland war eine **allgemeine Militarisierung der Nachrichten und Talkshows**. Wie selbstverständlich gaben hochrangige Militärs täglich Interviews und bezogen die Massen in die strategischen Überlegungen des Kriegskurses des deutschen Imperialismus ein. Über Wochen verbannte die **bürgerliche Medienzensur** Vertreter jeglicher **kritischer, fortschrittlicher oder pazifistischer Sicht**. Waren sie vereinzelt zugelassen, wurden sie in der Regel als »Freunde Putins« niedergemacht. Die »kritischen Nachfragen« der **Moderatoren** von Talkshows kamen meist von rechts. Sie transportierten überwiegend kritiklos die **anheizerische Stimmungsmache** Wolodymyr Selenskyjs und seines Botschafters in Deutschland, Andrij Melnyk, **für massive Waffenlieferungen**.

Mit dem **Übergang auf den sozialchauvinistischen Kurs** entfalteten sich **in allen reformistischen Parteien krisenhafte Prozesse**: »Die **Grünen**« versprachen noch in ihrem Programm zur Bundestagswahl 2021, *»europäische Rüstungsexporte … in Kriegsgebiete* (zu) *beenden.«*[135]

Doch die neue Regierungsverantwortung verlangte, die Änderung der Strategie der deutschen Außenpolitik »zu gestalten«. Als einer der größten Scharfmacher entpuppte sich

[135] Bundestagswahlprogramm 2021 von BÜNDNIS 90/DIE GRÜNEN, S. 244

Anton Hofreiter, zuvor bekannt als Exponent des »linken« Flügels der »Grünen«. Er verlangte vom deutschen Imperialismus als Antwort auf die *»rücksichtslos-brutale Art«* des russischen Neuimperialismus die *»Realpolitik in ihrer brutalsten Ausprägung«.*[136] Sein **reaktionärer Pragmatismus** verwandelte den ehemaligen Anti-Atomkraft-Kämpfer[137] Hofreiter in kürzester Zeit in einen hemmungslosen Kriegstreiber.

Ehrlich besorgt und berechtigt, doch erfolglos, warnten 89 Mitglieder der »Grünen« die Parteiführung: *»Was macht ihr bei weiterer Eskalation … ? Setzt dann die NATO Atomwaffen gegen Russland ein?«*[138]

Die linksreformistische Partei **»DIE LINKE«** taumelte in eine **Existenzkrise**, nachdem ihre jahrelange Verharmlosung des neuimperialistischen Russlands **offen gescheitert** war. In der Partei tobten die Widersprüche über das Aufrüstungsprogramm der Bundesregierung, das – entgegen dem Abstimmungsverhalten der Bundestagsfraktion – einige führende Repräsentanten eifrig mittrugen.

So sagte **Bodo Ramelow**/»DIE LINKE«, Ministerpräsident Thüringens, auf einer Friedensdemonstration am 2. März 2022 in Gera: *»Wir sind im Krieg … Jetzt heißt es militärisch zu handeln.«*[139] Vehement kritisierte er die immer noch zahlreichen Kriegsgegner in seiner Partei: *»Einfach nur Nato-Bashing löst da ja gar kein Problem.«*[140]

---

[136] »Grünen-Mann Hofreiter fordert neue Ukraine-Politik«, focus.de 6.4.2022

[137] Biografie Anton Hofreiter, was-war-wann.de 28.4.2022

[138] »Offener Brief an die GRÜNEN«, gruene-linke.de 4.3.2022

[139] zitiert in: Dieter Ilius, »Wir sind im Krieg … Jetzt heißt es, militärisch zu handeln«, rf-news.de 5.3.2022

[140] »Thüringens Ministerpräsident Bodo Ramelow übt vehemente Kritik an der eigenen Partei«, rnd.de 18.5.2022

Ein »linker« Ministerpräsident demonstriert so seine Nibelungentreue zum deutschen Imperialismus. Ohne Hemmungen legte er am 14. Januar 2019 mit breiter Medienpräsenz ein Blumengesteck am Grab Karl Liebknechts, des Mitbegründers der KPD, nieder.[141] Untrennbar mit Liebknecht verbunden ist der heute hochaktuelle Satz: *»Diesem System keinen Mann und keinen Groschen!«*

Die Verbreitung des Chauvinismus geht so weit, dass sogar in oft als linksliberal betrachteten Medien der **Faschismus massiv verharmlost wird**. So bekam der ukrainische Botschafter Andrij Melnyk am 20. Mai 2022 ein ganzseitiges Interview mit dem RedaktionsNetzwerk Deutschland, in dem er das faschistische **Asow-Regiment** als völlig harmlos und »mutige Kämpfer«[142] darstellen konnte. Wohlgemerkt ein Regiment, das faschistische SS-Symbole verwendet, seit 2014 an Kriegsverbrechen gegen Menschen im Donbass beteiligt ist und dessen **erster Kommandeur Andrij Bilezkyj** sich noch vor wenigen Jahren offen faschistisch und antisemitisch zum *»Kreuzzug«* der *»weißen Rassen der Welt … gegen die semitisch geleiteten Untermenschen«*[143] bekannte. Hauptfinanzier des Asow-Regiments ist der **zweitgrößte ukrainische Monopolkapitalist und Oligarch Ihor Kolomojskyj**, der auch Selenskyjs Wahl entscheidend unterstützte[144] und ihn in seinem privaten TV-Sender 1+1 erst groß machte.

Finnlands NATO-Beitritt wird in Talkshows gebetsmühlenartig gerechtfertigt: dafür spreche auch die Geschichte des 1939/40 schon einmal heldenhaft geführten Kriegs Finnlands gegen die

---

141 deutschlandfunk.de 14.1.2019

142 Markus Decker, »Melnyk kritisiert Scholz«, rnd.de 20.5.2022

143 zitiert in: Florian Hassel, »Ultrarechte Verteidiger von Mariupol«, sueddeutsche.de 1.4.2022

144 ebenda und mdr.de 19.11.2019

Sowjetunion. Damals hatte sich die reaktionäre finnische Regierung – allerdings im Auftrag profaschistischer und imperialistischer Regierungen – geweigert, ernsthaften Verhandlungen mit der sozialistischen Sowjetunion über, für die Sowjetunion unbedingt notwendige und für Finnland vorteilhafte, Grenzkorrekturen zuzustimmen. Dabei ging es um den Schutz vor allem Leningrads vor der bevorstehenden Invasion der Hitler-Faschisten. Finnland hatte stattdessen russische Grenztruppen überfallen. Die Sowjetunion verzichtete nach dem Sieg über das vom erzreaktionären General Mannerheim geführte finnische Militär auf eine Besetzung des Landes. Das »dankte« die finnische Regierung nur ein Jahr später mit der Beteiligung an Hitlers faschistischem Krieg gegen die Sowjetunion.

Nur der **proletarische Klassenstandpunkt hilft als Kompass**, die mit viel Pathos verbreiteten chauvinistischen, sozialchauvinistischen und antikommunistischen Argumente zu durchschauen und die richtigen Schlüsse zu ziehen. Mit **zunehmender Kriegsdauer wächst auch die Stimmung gegen den Krieg** und seine Ausweitung. Mitte März 2022 stimmten in Umfragen noch 67 Prozent der Bevölkerung Deutschlands den Waffenlieferungen an die Ukraine zu.[145] Schon am 3. Mai sprachen sich nur noch 46 Prozent für die Lieferung von Offensivwaffen aus.[146] Verstärkt melden sich kritische Stimmen zur NATO und gegen die Kriegspolitik der Bundesregierung zu Wort.

Die Herrschenden **vermögen nicht, die Massen dauerhaft für den imperialistischen Krieg zu gewinnen!** Auch nicht mit ihrer Behauptung, Waffenlieferungen zu verweigern sei »unterlassene Hilfeleistung« und überlasse das ukrainische Volk dem ungezügelten Wüten des russischen

[145] presseportal.zdf.de 11.3.2022

[146] rnd.de 3.5.2022

Aggressors! So kompliziert die Lage auch immer ist, Kriege imperialistischer Nationen und ihrer Bündnisse wurden noch nie mit dem Ziel der Hilfe und Solidarität für die Völker geführt! Dazu gibt es nur eine Alternative: den revolutionären Kampf der Ausgebeuteten und Unterdrückten dieser Länder, sowohl der Ukraine als auch Russlands, gegen ihre Regierungen, die diesen Krieg mit dem Ziel der Vernichtung der jeweiligen Feinde führen. Mitten im Ersten Weltkrieg legte Lenin der internationalen Arbeiterklasse eine Einsicht für den weltanschaulichen Kampf gegen Opportunisten und Sozialchauvinisten ans Herz:

»Die Bürgerlichen wie auch ihre Nachtreter in der Arbeiterbewegung … stellen die Frage gewöhnlich so: Entweder erkennen wir die Pflicht der Landesverteidigung grundsätzlich an, oder wir machen unser Land wehrlos. Diese Fragestellung ist total falsch. In Wirklichkeit steht die Frage so: Entweder wir lassen uns für die Interessen der imperialistischen Bourgeoisie abschlachten, oder wir bereiten die Mehrheit der Ausgebeuteten wie auch uns selbst systematisch dazu vor, … den Kriegen überhaupt ein Ende zu machen.«[147]

7. Eine neue Phase der beschleunigten Destabilisierung des imperialistischen Weltsystems

Erstmals seit dem Ende des Zweiten Weltkriegs eskalierte 2022 unmittelbar eine militärische Konfrontation zwischen imperialistischen Mächten und Machtblöcken. Sie setzte dem über sieben Jahrzehnte währenden imperialistischen Frieden ein Ende. Bisher gab es zwar Invasionen von Truppen impe-

---

[147] Lenin, »Die Stellung der Frage der Landesverteidigung«, Werke, Bd. 23, S. 161

rialistischer Länder oder Stellvertreterkriege, aber sie spielten – ungeachtet aller Brutalität, Zerstörung von Menschenleben, Produktionsstätten und Lebensräumen – nur eine begrenzte, weltpolitisch untergeordnete Rolle.

Mit dem Ukrainekrieg und der akuten Gefahr eines Dritten Weltkriegs entstand im Rahmen der Allgemeinen Krise des Kapitalismus eine **neue Phase der beschleunigten Destabilisierung des imperialistischen Weltsystems**. Sie bereitet den **Boden** vor **für eine revolutionäre Weltkrise**. Damit erfährt die **allgemeine Krisenhaftigkeit des Imperialismus eine neue Qualität.** Alle hauptsächlichen Widersprüche des imperialistischen Weltsystems verschärfen sich sprunghaft.

Die offene Weltkrise

Mit dem Ukrainekonflikt brach eine **offene politische, ökonomische, ökologische und militärische Weltkrise** aus. Diese **neue Ausgangslage** verändert schlagartig die Aufgabenstellung des revolutionären Klassenkampfs.

1. Politisch kommt die offene Weltkrise in einer universellen und unkontrollierten **Störung des bis dahin multipolaren Gefüges** zum Ausdruck. Das stellt die bestehende imperialistische Weltordnung und ihre Institutionen elementar infrage. Die mühsam formulierten Paragrafen des Völkerrechts, der Menschenrechte und der international gültigen Abrüstungsverträge waren schlagartig das Papier nicht wert, auf dem sie standen. **Internationale Organisationen** wie die UNO, die NATO oder auch die EU gerieten aufgrund des aufbrechenden Antagonismus[148] der nationalen Interessen einzelner Länder in mehr oder weniger **offene Krisen**. So verweigerten 53 der 193 Mitgliedsstaaten der UNO am 24.

---

[148] unversöhnlicher Widerspruch

März 2022 einer Resolution der Vollversammlung über die sofortige Einstellung der Feindseligkeiten Russlands gegen die Ukraine ihre Zustimmung.[149] Ausgerechnet die USA, die heute noch **weltweit Kriegstreiber Nr. 1** sind, bringen als Alternative zur paralysierten UNO die Gründung einer US-dominierten *»Allianz der Demokratien«* ins Gespräch.[150]

2. Ökonomisch entstand auf Basis der 2018 ausgebrochenen und sich inzwischen weiter vertiefenden Weltwirtschafts- und Finanzkrise eine **offene Krise der Neuorganisation der internationalen Produktion**.

3. Der offene **Welthandel** ist infrage gestellt. Ein Handelskrieg brach aus, er steigerte sich durch die Sanktionen gegen Russland zu einem **Weltwirtschaftskrieg**, in den unmittelbar oder mittelbar mehr oder weniger alle imperialistischen Länder verwickelt sind.

4. Ökologisch besteht der **qualitative Sprung** darin, dass die sogenannte **»Sicherheitspolitik«** ausdrücklich der bisher praktizierten **Umweltpolitik übergeordnet** wird. Diese Ausrichtung verschärft mit dem imperialistischen Krieg dramatisch alle Seiten des Übergangs in die globale Umweltkatastrophe.

5. Die **militärische Weltkrise** bringt die internationale Diplomatie und ihre bisherige Prämisse des Pazifismus und des imperialistischen Friedens zum Scheitern. An ihre Stelle tritt die mehr oder weniger offene **aktive Vorbereitung nahezu aller Imperialisten** auf einen **Dritten Weltkrieg**.

6. Das steht in Verbindung mit einer massiven Rechtsentwicklung von der **Faschisierung der Staatsapparate** bis hin zum Übergang zum **Faschismus** in einer Reihe von Ländern.

---

[149] rnd.de 24.3.2022

[150] »Ukraine-Krieg: Zahnloser UN-Sicherheitsrat«, dw.com 2.5.2022

7. Zum ersten Mal seit Jahrzehnten bereiten sowohl Russland als auch die USA/NATO einen **Atomkrieg aktiv vor**, bringen ihn gezielt in die Diskussion und nehmen die Gefahr kühl in Kauf.

8. Der Übergang zur aktiven Vorbereitung eines Weltkriegs **verschärft** auch in Deutschland die gesellschaftlichen **Widersprüche** sowohl **innerhalb des deutschen Finanzkapitals** als auch **in Regierung und bürgerlichen Parteien**. Auch die **Krise des Vertrauens** der Massen in Regierung und bürgerliche Parteien wächst.

9. Die Krise der **bürgerlichen Weltanschauung** vertieft sich, vor allem als **offene Krise fundamentaler Lebenslügen**. Sie galten bisher als unumstößlich, etwa die von der »auf Frieden zielenden Außenpolitik«, vom »Wandel durch Handel« oder die zahlreichen Varianten des imperialistischen Ökologismus. Neu aufgelegte Lebenslügen der Bundesregierung wie das Versprechen einer »sozial-ökologischen Transformation« verschleißen schon kurz nach ihrer Erfindung.

10. Die **bisherigen Krisen verschärfen sich gegenseitig**: die Weltwirtschafts- und Finanzkrise, verschiedene Strukturkrisen im Reproduktionsprozess, die Verschuldungskrise, der beschleunigte Umschlag in die globale Umweltkatastrophe, die Krise der bürgerlichen Flüchtlingspolitik und die Krise der bürgerlichen Familienordnung, die Hungerkrisen in immer mehr Ländern, die drastisch zunehmende Inflation oder soziale Krisen im Weltmaßstab. Sie verdichten sich zu einer **internationalen Tendenz gesamtgesellschaftlicher Krisen** in den meisten Ländern der Welt.

11. Der **Grundwiderspruch** unserer Epoche zwischen Kapitalismus und Sozialismus drängt im internationalen Maßstab **akut** zur Lösung. Das ist die objektive Grundlage des Übergangs zum **Klassenkampf im eigentlichen Sinn**.

Lenin schrieb über die allgemeinen Merkmale einer revolutionären Situation:

»Wir gehen sicherlich nicht fehl, wenn wir folgende drei Hauptmerkmale anführen: 1. Für die herrschenden Klassen ist es unmöglich, ihre Herrschaft unverändert aufrechtzuerhalten; die eine oder andere Krise der ›oberen Schichten‹, eine Krise der Politik der herrschenden Klasse, die einen Riß entstehen läßt, durch den sich die Unzufriedenheit und Empörung der unterdrückten Klassen Bahn bricht. Damit es zur Revolution kommt, genügt es in der Regel nicht, daß die ›unteren Schichten‹ in der alten Weise ›nicht leben wollen‹, es ist noch erforderlich, daß die ›oberen Schichten‹ in der alten Weise ›nicht leben können‹. 2. Die Not und das Elend der unterdrückten Klassen verschärfen sich über das gewöhnliche Maß hinaus. 3. Infolge der erwähnten Ursachen steigert sich erheblich die Aktivität der Massen, die sich in der ›friedlichen‹ Epoche ruhig ausplündern lassen, in stürmischen Zeiten dagegen sowohl durch die ganze Krisensituation ***als auch durch die ›oberen Schichten‹ selbst*** *zu selbständigem historischem Handeln gedrängt werden.«*[151]

Den Übergang von der Etappe der nichtrevolutionären Situation in die Etappe der akut revolutionären Situation leiten zunächst vor allem die objektiven Faktoren ein. Die Übereinstimmung des subjektiven Faktors mit den objektiven Faktoren erfolgt nicht schlagartig, sondern entwickelt sich aufgrund der krisendämpfenden Maßnahmen und der Manipulation der öffentlichen Meinung als mehr oder weniger lange dauernder, erst politischer, dann revolutionärer Gärungsprozess. Die Entfaltung einer revolutionären Weltkrise hängt maßgeblich von der Entwicklung des Klassenbewusstseins des internationalen Industrieproletariats ab. Dieses muss die

[151] Lenin, »Der Zusammenbruch der II. Internationale«, Werke, Bd. 21, S. 206

Fähigkeit erwerben, seine Kämpfe international zu koordinieren und zu revolutionieren, und sich an die Spitze des aktiven Widerstands der Volksmassen stellen. Entscheidender Faktor für Zielstrebigkeit, Tiefgang und Stabilität dieses Prozesses ist die Entstehung und Stärkung **marxistisch-leninistischer Parteien mit gesamtgesellschaftlichem Einfluss**.

Die revolutionäre Wachsamkeit muss jedoch auch mit der Möglichkeit rechnen, dass sich eine **reaktionäre oder gar faschistische Basis** unter Teilen der Massen mit niedrigem Bewusstsein entwickelt. Darin zeigt sich der zugespitzte Widerspruch auf weltanschaulichem Gebiet zwischen reaktionärem Antikommunismus und zukunftsweisendem wissenschaftlichen Sozialismus.

Niemand kann den konkreten Verlauf des imperialistischen Kriegs in der Ukraine vorhersehen. Aber die **bewusste Verschärfung des Kriegs** durch die Kriegsparteien und auch seine Eigendynamik lässt den militärischen Schlagabtausch auf den **Übergang in einen Dritten Weltkrieg** hinauslaufen. Dem liegt eine Gesetzmäßigkeit zugrunde, die bereits Clausewitz aufdeckte:

»Der Krieg ist ein Akt der Gewalt, und es gibt in der Anwendung derselben keine Grenzen; so gibt jeder dem anderen das Gesetz, es entsteht eine Wechselwirkung, die dem Begriff nach zum äußersten führen muß.«[152]

Es gibt **in dieser Phase der beschleunigten Destabilisierung des imperialistischen Weltsystems** grundsätzlich nur zwei Optionen: **Ausbruch eines Dritten Weltkriegs oder die internationale sozialistische Revolution**.

Diese Einschätzung folgt den Gesetzmäßigkeiten der gesellschaftlichen Entwicklung und kritisiert die penetrante Verharmlosung der Schärfe dieser Entwicklung in der öffentli-

---

[152] Carl von Clausewitz, »Vom Kriege«, Frankfurt/M, Berlin, Wien, 1980, S. 19

chen Meinungsmache. Es ist auch möglich, dass diese **Phase durch den Widerstand der Massen, aufgrund von Widersprüchen zwischen den Imperialisten** oder wegen der Kapitulation der einen oder anderen Kriegspartei **gestoppt wird**. Selbst dann gäbe es aber kein einfaches Zurück mehr zu der Zeit vor dem Ukrainekrieg. Solange jedoch diese Phase dauert, muss sich die allgemeine Strategie und Taktik der internationalen sozialistischen Revolution gegen die akute Gefahr eines Dritten Weltkriegs richten. Sie stellt sich das Ziel, im Weltmaßstab den Übergang von der Etappe der nichtrevolutionären Situation in die Etappe der revolutionären Situation zu beschleunigen. Die aktive Vorbereitung des Weltkriegs durch die imperialistischen Regierungen, die beschleunigte Umweltzerstörung und die Abwälzung der Krisen- und Kriegslasten auf die Massen werden diese **zunehmend in offenen Widerspruch zum imperialistischen Weltsystem** bringen und ihre Kämpfe herausfordern.

Die Marxisten-Leninisten auf der ganzen Welt müssen alles in ihrer Macht Stehende tun, um die offene Krise des imperialistischen Weltsystems für eine Revolutionierung des internationalen Industrieproletariats und der breiten Massen zu nutzen.

8. Aktiver Widerstand gegen den Dritten Weltkrieg

Bewusstsein, Organisiertheit und Kampferfahrungen der Arbeiterklasse und der breiten Massen halten heute zweifellos noch nicht Schritt mit der beschleunigten Destabilisierung des imperialistischen Weltsystems. Die imperialistischen Kernländer verfügen noch über erhebliche materielle Ressourcen für ihr Krisenmanagement, für die Desorientierung, die Desorganisation und die Demoralisierung durch das internationalisierte System der kleinbürgerlichen Denkweise als hauptsächliche Regierungsmethode in den meisten Ländern. Sie nutzen aber auch Schwächen der revolutionären Parteien und ihrer internationalen Zusammenarbeit aus.

Die Bewusstseinsbildung über **Notwendigkeit und Entfaltung des aktiven Widerstands gegen den imperialistischen Krieg** und seine Organisierung öffnen den Weg, den **objektiven und den subjektiven Faktor** für die Vorbereitung und Durchführung der internationalen sozialistischen Revolution **in Übereinstimmung zu bringen**.

Der aktive Widerstand gehört zum **Aufbau einer neuen Friedensbewegung**. Ihr **Kern** muss die **Einheitsfront gegen Imperialismus, Faschismus und Krieg** unter Führung des internationalen Industrieproletariats sein.

Die neue Friedensbewegung trat in Deutschland am **8. Mai 2022** mit einer Demonstration von Essen nach Gelsenkirchen und einer Kundgebung mit über 1 500 Teilnehmerinnen und Teilnehmern eindrucksvoll in Erscheinung. 24 Organisationen mit dem Kern des Internationalistischen Bündnisses und viele Einzelpersonen hatten zu der Demonstration und den Kundgebungen aufgerufen. Der Aufbau der neuen Friedensbewegung schließt die Zusammenarbeit mit allen ehrlichen Kräften der bisherigen Friedensbewegung ein.

Weltweite Kampferfahrungen des internationalen Industrieproletariats

In Europa standen zunächst vor allem **griechische und italienische Arbeiter** mutig an der Spitze des Kampfs gegen den imperialistischen Krieg. Bereits am 14. März 2022 weigerten sich italienische Arbeiter am Flughafen Galileo Galilei in Pisa mit ihrer Gewerkschaft Unione Sindacale di Base (USB) erfolgreich, eine militärische Luftfracht zu verladen, die als »humanitäre Hilfe« für die Ukraine getarnt war.

Am 6. April 2022 folgte ein **Generalstreik** in 70 Städten Griechenlands gegen die reaktionäre Regierung und die Kriegführung durch die NATO. Der Hafen von Piräus stand still. Es gab Massendemonstrationen und Streiks unter anderem in wichtigen Großbetrieben, Häfen, öffentlichem Nahverkehr und Handelsketten des Landes. Die Hafenarbeiter von Alexandropolis weigerten sich, schwere Waffen für den Ukrainekrieg von Schiffen auf Bahnwaggons zu laden.

Am 20. Mai 2022 organisierten italienische Basisgewerkschaften in Bologna einen Generalstreik unter dem Slogan: *»Raus aus dem Krieg, Erhöhung der Löhne und der Sozialausgaben!«* Gleichzeitig fanden in mehr als 20 Städten Demonstrationen vor NATO-Stützpunkten statt.[153]

Doch allzu oft verlaufen diese Kämpfe noch **isoliert voneinander** und haben **kein vereinheitlichtes Kampfprogramm**. Der notwendige aktive Widerstand erfordert eine antiimperialistische und antifaschistische **Kooperation und Koordination über Ländergrenzen hinweg**.

Notwendige Überwindung pazifistischer Illusionen

Der **allgemeine Friedenswille** und das antifaschistische Bewusstsein sind in der Masse der Bevölkerung in Deutschland tief verwurzelt. Sofort nach Ausbruch des Ukrainekriegs demonstrierten etwa 835 000 Menschen in Deutschland für den Frieden. Notwendig ist jedoch, die **Bereitschaft zum aktiven Widerstand** gegen diesen imperialistischen Krieg und alle Kriegstreiber zu entwickeln. Dazu müssen die friedliebenden Menschen mit einer **verbreiteten Unterschätzung der akuten Gefahr eines Dritten Weltkriegs** und allerlei pazifistischen Illusionen fertigwerden.

153 rf-news.de 23.5.2022

Die **revisionistischen Kräfte** trauern immer noch der bürokratisch-kapitalistischen UdSSR vor 1990/91 nach, machen einseitig die imperialistische NATO verantwortlich für die Eskalation, übernehmen unkritisch Putins Rechtfertigung oder verbreiten pazifistische Illusionen. Die revisionistische Partei Kommunisten Russlands (KPKR) äußerte:

»Als Kommunisten und Patrioten unseres Heimatlands unterstützen wir die Entscheidung, eine spezielle Militäroperation in der Ukraine durchzuführen.«[154]

Was für ein kläglicher Kniefall unter den russischen Neoimperialismus! Hatte nicht Wladimir Putin gerade eben noch den Kommunisten Lenin und Stalin ins Gesicht gespuckt und ihnen die Anerkennung des Selbstbestimmungsrechts der Ukraine vorgeworfen?[155]

Die SDAJ-Vorsitzende **Andrea Hornung** sieht Russland – im Unterschied zur DKP-Führung – zwar als imperialistisches Land, warnt aber:

»Wir müssen uns klar von jeder ›Äquidistanz‹[156]*-Position abgrenzen, nach der Russland und NATO gleichermaßen aggressiv seien.«*[157]

Natürlich erfordert die konkrete Analyse der konkreten Situation eine differenzierte Position, aber vor allem eine klare. Die Warnung vor einer angeblichen *»Äquidistanz«* darf nicht – wie bei Andrea Hornung – dazu führen, Russland als den besseren Imperialisten zu verkaufen:

---

154 »Vorsitzender Chugaev gab eine detaillierte Analyse der internationalen Lage«, komros.info 30.3.2022 – eigene Übersetzung

155 Wladimir Putin, »Rede an die Nation vom 21.2.2022«, zeitschrift-osteuropa.de

156 gleich große Distanz

157 Andrea Hornung, »Wir wollen Frieden! Nein zur Aufrüstung!«, unsere-zeit.de 23.3.2022

»Russland ist gegenüber der NATO aber in der Defensive und das kann uns als Marxisten nicht egal sein«.[158]

Offensive und Defensive im Krieg sind zwei nicht zu trennende Bewegungsformen. Ist ein Krieg schon allein deswegen gerecht, weil er vorgibt, defensiv zu sein? Wer einen Imperialisten in Schutz nimmt, weil er gerade *»in der Defensive«* ist, leugnet den Klassencharakter des Imperialismus und des imperialistischen Kriegs. Er öffnet Tür und Tor, mal diesen und mal jenen Imperialisten zu verteidigen, und gleitet damit auf eine sozialchauvinistische Position ab.

Oskar Lafontaine, langjähriger Parteivorsitzender zunächst der SPD und dann der Partei »DIE LINKE«, besticht zweifellos durch eine realistische Analyse des gegenwärtigen imperialistischen Kriegs und gehört eindeutig ins Lager seiner entschiedenen Gegner. Er verbreitet jedoch gleichzeitig die Illusion, dass der Imperialismus auch ohne Krieg auskommen könne. So begründete er seinen Austritt aus der Partei »DIE LINKE« am 17. März 2022 damit, dass *»jetzt auch noch die friedenspolitischen Grundsätze der Linken abgeräumt werden.«*[159]

Diese *»friedenspolitischen Grundsätze«* waren allerdings nie mehr als kleinbürgerlich-pazifistische **Illusionen vom imperialistischen Frieden**, der durch den »Interessenausgleich« zwischen imperialistischen Mächten zustande komme. Da der Imperialismus jedoch durch die ungleichmäßige Entwicklung der einzelnen Länder gekennzeichnet ist, ist es **gesetzmäßig**, dass der viel gerühmte Interessenausgleich von einer bestimmten Situation an nicht mehr funktioniert. Dann wird der Kampf der imperialistischen Mächte um die Weltherrschaft

[158] ebenda

[159] Oskar Lafontaine, »Warum ich aus der Partei Die Linke ausgetreten bin«, oskar-lafontaine.de 17.3.2022

mit gewaltsamen Mitteln im **imperialistischen Krieg** ausgetragen. Wer imperialistische Kriege abschaffen will, muss bereit sein, ihre gesetzmäßigen Ursachen zu beseitigen und den Imperialismus zu überwinden.

Ein tiefes **Verständnis der Veränderungen im imperialistischen Weltsystem** setzt heute die Kenntnis wesentlicher politischer und weltanschaulicher Grundlagen des aktiven proletarischen Widerstands voraus. Die Aktivisten müssen verstehen, dass eine Reihe neuimperialistischer Länder entstanden ist und dass eine **weltanschauliche Immunität gegen die kleinbürgerlich-sozialchauvinistische, kleinbürgerlich-antikommunistische sowie kleinbürgerlich-opportunistische Denkweise** notwendig ist.

Die Strategie und Taktik des aktiven Widerstands

Die Strategie und Taktik des aktiven Widerstands gegen die Weltkriegsgefahr zielt auf den **Übergang von der strategischen Defensive der internationalen Arbeiterklasse zur strategischen Offensive** bis zur sozialistischen Revolution. Das gelang erstmals in der Oktoberrevolution 1917 in Russland. Der aktive Widerstand erfordert die Weiterentwicklung der Fähigkeit der Marxisten-Leninisten, **unmittelbar Massen zu bewegen und zu führen**.

Aktiver Widerstand unterscheidet sich **qualitativ von Protesten**. Im Programm der MLPD heißt es:

»Die Entfaltung des aktiven Volkswiderstands … ist durch kämpferische Massenaktionen gegen Monopole und Staat gekennzeichnet.«[160]

Aktiver Widerstand muss systematisch gefördert und entwickelt werden:

---

[160] »Programm der Marxistisch-Leninistischen Partei«, Essen, 2016, S. 146

»Um den Volksmassen den Schritt zum aktiven Widerstand zu erleichtern, müssen dem jeweiligen Bewußtseinsstand angemessene Widerstandsaktionen in Betrieb und Stadtteil organisiert, die Aktionseinheit gestärkt und Widerstandsgruppen gebildet werden.«[161]

Aktiver Widerstand entwickelt sich nur in Verbindung mit **Bewusstseinsbildung**:

- Von Ablehnung des Kriegs, Erschrecken, bloßem Unmut, moralischer Entrüstung, Gelähmtheit und Passivität zu **praktischer Aktivität**.
- Von spontaner Verurteilung des ungerechten Kriegs zur Erkenntnis seiner **gesetzmäßigen Ursachen** im imperialistischen Weltsystem.
- Von Auswirkungen der Desorientierung, Desorganisation und Demoralisierung durch das gesellschaftliche System der kleinbürgerlichen Denkweise zu einem **proletarischen Klassenstandpunkt**.
- Von reinen Abwehrmaßnahmen zu **offensiven Kampfformen**.
- Vom **Fertigwerden mit der Manipulation der öffentlichen Meinung** durch die psychologische Kriegsvorbereitung und -führung zum Übergang zu **aktiver Aufklärung und Bewusstseinsbildung** über die gesellschaftlichen Ursachen des Kriegs.
- Vom **Fertigwerden mit dem Antikommunismus** zur aktiven Beteiligung an der Bewegung »Gib Antikommunismus keine Chance!«.
- Von spontaner Aktivität gegen den Krieg zur **Organisation im aktiven Widerstand und im Kampf für den Sozialismus**.

---

[161] »Politisches Referat des Zentralkomitees der MLPD«, 1984, S. 34

Die Verarbeitung der Situation mithilfe der Marxisten-Leninisten ist an **praktische Kampferfahrungen** der Arbeiterklasse und der breiten Massen gebunden. Sie werden ihre Erfahrungen machen mit der **massiven Abwälzung der Krisen- und Kriegslasten** auf die Massen, der Entsendung von Bundeswehrtruppen in Kriegseinsätze, dem Einzug von Reservisten, der Aufhebung demokratischer Rechte und Freiheiten usw.

Unter der Jugend bekommt der **antimilitaristische Kampf** besondere Bedeutung. Er verbindet die **praktische Aktivität** etwa gegen Werbeauftritte der Bundeswehr in Schulen sowie gegen die Militarisierung von Forschung und Ausbildung mit **Schulungs- und Bildungsarbeit**. Wesentlich ist der **Kampf um die Denkweise** gegen das Eindringen militaristischer Propaganda, völkischer Demagogie und faschistischer Ideologie.

Die kämpferische **Frauenbewegung** steht vor der Herausforderung, die Masse der Frauen gegen den imperialistischen Krieg zusammenzuschließen und als entscheidendes Bindeglied zwischen Arbeiterbewegung und aktivem Volkswiderstand zu arbeiten.

Der aktive Widerstand verbindet sich eng mit den Kämpfen um Erhalt und Ausbau **sozialer Errungenschaften** sowie gegen die Abwälzung der Kriegs- und Krisenlasten und mit dem Kampf um **demokratische Rechte und Freiheiten** der Massen.

Der heute notwendige aktive Widerstand zielt nicht zuletzt auf **unverbrüchliche Solidarität mit der Arbeiterklasse und den breiten Massen in der Ukraine**. Diese zahlen heute einen hohen Blutzoll im Kampf gegen die imperialistische Aggression Russlands, aber auch als Volk, das für NATO und EU den Kopf hinhalten soll.

Der aktive Widerstand **braucht ein Programm mit klaren Forderungen**:

Aktiver Widerstand gegen die Vorbereitung eines Dritten Weltkriegs!

Sofortige Beendigung der Aggression Russlands und Abzug aller russischen Truppen aus der Ukraine!

Russische Reparationen für alle Kriegsschäden und unnachgiebige Bestrafung von Menschenrechtsverletzungen!

Militärische Neutralität der Ukraine und eine entmilitarisierte Zone an der Grenze zwischen Ukraine und Russland!

Abzug aller NATO-Truppen und in Osteuropa stationierter Waffen!

Auflösung der NATO und anderer Kriegsbündnisse sowie konterrevolutionärer Eingreiftruppen wie des OVKS[162]!

Keine Waffenlieferungen und keine logistische Unterstützung ungerechter Kriege!

Aufhebung des Waffenembargos gegen antiimperialistische Befreiungsbewegungen!

Verbindlicher Verzicht auf den Ersteinsatz von Atomwaffen – Verbot und Vernichtung aller ABC-Waffen!

[162] Organisation des Vertrags über kollektive Sicherheit. Mitglieder sind Russland, Belarus, Kasachstan, Kirgisistan, Armenien, Tadschikistan. Anfang 2022 schlug sie konterrevolutionär mit Hunderten Toten einen Arbeiteraufstand in Kasachstan nieder.

Die Hochrüstungspläne der Bundeswehr müssen vom Tisch – weg mit dem »Sondervermögen von 100 Milliarden Euro«!

Abzug aller deutschen Truppen aus dem Ausland!

Keine Abwälzung der Krisen- und Kriegslasten auf die Massen! Kampf für Lohnnachschlag!

Drastische Sofortmaßnahmen für den Umweltschutz! Rettet die Umwelt vor imperialistischer Profitwirtschaft und Krieg!

Unabdingbar für den aktiven Widerstand sind **Prinzipien** gleichberechtigter Zusammenarbeit wie breite Demokratie, Überparteilichkeit, weltanschauliche Offenheit auf antifaschistischer sowie internationalistischer Grundlage, demokratische Streitkultur und finanzielle Unabhängigkeit.

Der aktive Widerstand gegen imperialistische Mächte und Blöcke muss mit der **Perspektive einer dem Imperialismus überlegenen Kraft** entfaltet und organisiert werden. Gebot der Stunde ist der weitere Aufbau und die Stärkung einer weltweiten **antifaschistischen und antiimperialistischen Einheitsfront**, wie sie der gemeinsame Aufruf von ICOR und ILPS[163] konzipiert hat.[164]

Die **revolutionäre Weltorganisation ICOR** hat sich vor und seit dem Kriegsbeginn in ihren Resolutionen klar posi-

[163] Internationaler Kampfbund der Völker

[164] icor.info 30.12.2019

tioniert.[165] In vielen Ländern, nicht zuletzt in der Ukraine und in Russland, fördern ihre Mitgliedsorganisationen Antikriegsaktivitäten, leisten aktive Aufklärung über den Imperialismus und stärken die Kräfte des Sozialismus. So lautete die Überschrift der Erklärung einer außerordentlichen Sitzung der Internationalen Koordinierungsgruppe (ICC) der ICOR im Mai 2022:

»Verhindern wir den III. Weltkrieg durch die Stärkung der Kräfte für den Sozialismus.«

Aber auch die Einheit der ICOR sowie der Kräfte der Einheitsfront muss **erkämpft werden**. Sie muss fertigwerden mit der Wirkung der kleinbürgerlich-sozialchauvinistischen Denkweise oder der Unterschätzung der Vorbereitungen des Dritten Weltkriegs, etwa als eine nur auf Europa begrenzte Angelegenheit.

Die **entscheidende Feuertaufe der ICOR** wird eine **neue Qualität des proletarischen Internationalismus der Tat** in der weltweiten Zusammenarbeit sein. Dazu gehört die **Stärkung der ICOR-Organisation** sowie die Höherentwicklung der **praktischen Kooperation und Koordination** in Verbindung mit dem **Aufbau und der erheblichen Stärkung revolutionärer Parteien in immer mehr Ländern**.

Für jeden revolutionären Marxisten-Leninisten gibt es in dieser Situation **nur den Weg nach vorn**, wie ihn Lenin beschreibt:

»Ohne Verbindung mit dem revolutionären Klassenkampf des Proletariats ist der Kampf für den Frieden nur eine pazifistische Phrase sentimentaler oder das Volk betrügender Bourgeois. … Wir müssen also den Massen helfen, den Impe-

[165] »Aktiver Widerstand gegen psychologische Kriegsführung, die imperialistische Kriegsvorbereitung und Drohungen im Ukraine-Russland-Konflikt!«, 14.2.2022 sowie »Die ICOR hält Lenins Fahne hoch – für das Selbstbestimmungsrecht der Nationen«, 4.3.2022, icor.info

rialismus, ohne dessen Beseitigung ein Frieden ohne Annexionen unmöglich ist, zu stürzen. Natürlich ist der Kampf für den Sturz des Imperialismus schwierig, doch die Massen müssen die ***Wahrheit*** *über den schwierigen, aber notwendigen Kampf kennen. Die Massen dürfen nicht durch die Hoffnung auf einen Frieden ohne Beseitigung des Imperialismus eingelullt werden.«*[166]

[166] Lenin, »An die Internationale Sozialistische Kommission (ISK)«, Werke, Bd. 21, S. 379/380

Bücher zum Thema

Willi Dickhut

Der staatsmonopolistische Kapitalismus in der BRD

Das 1977 erschienene Buch analysiert Geschichte und Entwicklung des staatsmonopolistschen Kapitalismus in Deutschland.

892 Seiten | 26,00 Euro | 978-3-88021-041-7

Willi Dickhut

Krisen und Klassenkampf

In dieser 1983 erschienenen Schrift werden die verschiedenen Arten von Krisen und ihre Wechselwirkung mit der Entwicklung des Klassenkampfs untersucht.

293 Seiten | 11,50 Euro | 978-3-88021-136-0

Willi Dickhut

Krieg und Frieden und die sozialistische Revolution

Die Ungleichmäßigkeit in der Entwicklung des Imperialismus und dessen Streben nach Weltherrschaft ist die Wurzel des Anstiegs der kriegerischen Auseinandersetzungen auf der Welt, bis hin zur Entstehung einer neuen Weltkriegsgefahr.

317 Seiten | 11,50 Euro | 978-3-8801-059-2
ePDF | 8,99 Euro | 978-3-88021-584-9

Willi Dickhut

Proletarischer Widerstand gegen Faschismus und Krieg

Das Buch enthält Analysen zu allen wichtigen ökonomischen, politischen und militärischen Entwicklungen des Hitler-Faschismus und des Zweiten Weltkriegs. Es ist eine hervorragende Anleitung zur selbständigen Orientierung unter schwierigsten Bedingungen.

769 Seiten (2 Bände) | 25,50 Euro | 978-3-88021-156-8
ePDF 1. Band | 11,99 Euro | 978-3-88021-586-3
ePDF 2. Band | 11,99 Euro | 978-3-88021-587-0

Stefan Engel

Götterdämmerung über der »neuen Weltordnung«

Dieses 2003 erschienene Buch untersucht die kapitalistische Neuorganisation der internationalen Produktion seit den 1990er Jahren sowie deren ökonomische, politische und militärische Auswirkungen auf das imperialistische Weltsystem.

592 Seiten | Hardcover | 27,00 Euro | 978-3-88021-340-1
592 Seiten | Taschenbuch | 14,80 Euro | 978-3-88021-357-9
ePDF | 11,99 Euro | 978-3-88021-424-8

Stefan Engel

Morgenröte der internationalen sozialistischen Revolution

Die Neuorganisation der internationalen Produktion des imperialistischen Weltsystems stellt die Revolutionäre und Marxisten-Leninisten vor neue Herausforderungen und erfordert, Schlussfolgerungen für den Kampf um den Sozialismus zu ziehen.

620 Seiten | Hardcover | 28,00 Euro | 978-3-88021-380-7
620 Seiten | Softcover | 14,80 Euro | 978-3-88021-391-3
ePDF | 11,99 Euro | 978-3-88021-418-7

Stefan Engel

Katastrophenalarm! Was tun gegen die mutwillige Zerstörung der Einheit von Mensch und Natur?

Das Buch analysiert die Umweltkrise und ihren Übergang in eine das menschliche Leben bedrohende globale Umweltkatastrophe und die Hauptverantwortung der allein herrschenden internationalen Übermonopole dafür.

336 Seiten | 17,50 Euro | 978-3-88021-405-7
ePDF | 13,99 Euro | 978-3-88021-413-2

Stefan Engel

Über die Herausbildung der neuimperialistischen Länder

Im Buch »Morgenröte der internationalen sozialistischen Revolution« wurde erstmals die These von den neuimperialistischen Ländern aufgestellt. Die Broschüre bringt für diese wohlbegründete These den wissenschaftlichen Nachweis.

86 Seiten | 3,00 Euro | 978-3-88021-460-6
ePDF | 2,49 Euro | 978-3-88021-462-0

220 Seiten | 16,00 Euro
978-3-88021-596-2
ePDF | 12,99 Euro
978-3-88021-597-9

Stefan Engel

Die Krise der bürgerlichen Ideologie und des Antikommunismus

Die bürgerliche Ideologie hat ihre Anziehungskraft verloren und steckt tief in der Krise. Ein weltanschaulicher Kampf um Deutung und Schlussfolgerungen ist entbrannt. Der Antikommunismus ist seit der offenen Krise des Reformismus und des modernen Revisionismus zum Haupthindernis in der Bewusstseinsbildung der Massen geworden. Doch er befindet sich selbst in der Krise, was seine permanente Modifikation bewirkt.

Dieses Buch folgt der Überzeugung, dass die Zeit reif ist für eine weltanschauliche Offensive des wissenschaftlichen Sozialismus.

268 Seiten | 17,50 Euro
978-3-88021-616-7
ePDF | 13,99 Euro |
978-3-88021-611-2

Stefan Engel

Die Krise der bürgerlichen Ideologie und des Opportunismus

Das Buch knüpft direkt am ersten Teil dieser Reihe »Die Krise der bürgerlichen Ideologie und des Antikommunismus« an, der im April 2021 erschien. Als zweiter Teil in der Reihe »Die Krise der bürgerlichen Ideologie und die Lehre von der Denkweise« befasst es sich damit, wie der Opportunismus im weltanschaulichen Kampf auf der Grundlage der praktischen Kampferfahrungen nachhaltig überwunden werden kann.

Mehr Infos unter www.revolutionaerer-weg.de

Alle Bücher sind zu bestellen bei:

Verlag Neuer Weg in der Mediengruppe Neuer Weg GmbH
Alte Bottroper Str. 42 · D - 45356 Essen
E-Mail: verlag@neuerweg.de
Webshop: people-to-people.de

Tel.: + 49-(0) 201-2 59 15
+ 49-(0) 209-361 73 35
Fax: + 49-(0) 201-61 444 62

www.neuerweg.de